Hans Werner Dannowski
»Dann fahren wir nach Hannover«

Hans Werner Dannowski

»Dann fahren wir nach Hannover«

Ansichten und Eindrücke aus einer Stadt

Mit acht Collagen von Siegfried Neuenhausen

Die Deutsche Bibliothek – CIP-Einheitsaufnahme

Dannowski, Hans Werner:
»Dann fahren wir nach Hannover« : Ansichten und Eindrücke aus einer Stadt / Hans Werner Dannowski. Mit acht Collagen von Siegfried Neuenhausen. - Hannover : Schlütersche 2000
 ISBN 3-87706-569-4

© 2000 Schlütersche GmbH & Co. KG, Verlag und Druckerei, Hans-Böckler-Allee 7, 30173 Hannover

Alle Rechte vorbehalten. Das Werk ist urheberrechtlich geschützt. Jede Verwertung außerhalb der gesetzlich geregelten Fälle muß vom Verlag schriftlich genehmigt werden.

Eine Markenbezeichnung kann warenzeichenrechtlich geschützt sein, ohne daß dies besonders gekennzeichnet wurde.

Gesamtherstellung: Schlütersche GmbH & Co. KG,
Verlag und Druckerei, Hans-Böck-Allee 7, 30173 Hannover.

Inhalt

Zur Einleitung   6

1. Kapitel
»*Hannover macht einen vornehmen Eindruck,
aber doch sonderbar*«   8

2. Kapitel
»*Die Stadt Hannover ist sehr alt,
aber nicht ganz und gar*«   44

3. Kapitel
»*Wo so still die Leine fluthet*«   71

4. Kapitel
»*Die eine bezaubert und die andere bezwingt einen*«   86

5. Kapitel
»*Bleibet ihr Wanderer stehen*«   121

6. Kapitel
»*Zu lieben, was Liebe verdient*«   140

Zum Abschluss   160

Literatur   162

Zur Einleitung

Beim Abendessen wollte der Dean der Kathedrale von Bristol wissen, welche Botschaft denn das Buch habe, an dem ich so eifrig schriebe. Die Frage brachte mich in Verlegenheit. Ich wollte eigentlich nur erzählen. Hannover ist schön: Diese Botschaft ist so simpel. So verallgemeinernd. Also doch besser nur erzählen. Aber es stimmt schon: Die Freude an den Herausforderungen, die diese Stadt für mich hat, hat dieses Buch diktiert. Die Ursprünge liegen in den Spaziergängen, die ich in den Sommermonaten mehrere Jahre lang mit vielen Menschen durch Hannover machte.

Dabei sind meine ersten Begegnungen mit Hannover eher traumatisch gewesen. 1959 stieg ich, überhaupt zum ersten Mal, in Hannover aus dem Zug mit dem ruhigen Gefühl, mich in das Landeskirchenamt in der Roten Reihe zu einer persönlichen Vorstellung zu begeben. Als ich dort ankam, war die hebräische Bibel zur Prüfungsklausur aufgeschlagen. Die Nachricht der Terminvorverlegung hatte mich nicht erreicht. 1974 fuhren meine Frau und ich, aus der Idylle des Imbshäuser Schlosses kommend, an einem düsteren Wintertag durch die an sich schon dunkle Wunstorfer Straße in Limmer mit dem beklommenen Gefühl: Da sollen wir also hin ... Es wurde eine wundervolle Zeit. Das Gefühl für diese Stadt ist langsam, aber kräftig gewachsen. »Dann fahren wir nach Hannover, da haben wir Freunde«.

Dabei bedrängt mich das Unbehagen, wie wenige der Menschen, die mir für mein tägliches Leben in dieser Stadt wichtig sind, in diesem Buch vorkommen. Die, die erwähnt werden, habe ich durch Abkürzung des Nachnamens ein wenig vor meiner Neugierde zu schützen versucht. Ich möchte mit ihnen doch weiterhin befreundet sein. Bei

Künstlern und schon historischen Persönlichkeiten wäre das absurd gewesen. Ich hoffe, es finden sich alle doch einigermaßen wieder in dem, was ich aus Begegnungen oder Gesprächen aufgeschrieben habe. In Jahresfrist soll ein weiterer Band mit Gängen durch einzelne Stadtteile Hannovers folgen, da kann ich vielleicht die schlimmsten Entgleisungen oder Auslassungen korrigieren.

Meiner früheren Sekretärin Linde Sturm danke ich herzlich, dass sie mir auch im Ruhestand noch mit ihrem Schreibcomputer und mit ihrer wachen Aufmerksamkeit zur Seite steht. Ich freue mich sehr, dass Siegfried Neuenhausen die Bitte, meinen Text mit seinen Eindrücken von Hannover in Collagen zu begleiten, so bereitwillig aufgenommen hat.

Dieses Buch widme ich meiner Frau Edith und unserem Sohn Christoph mit seiner Frau Beatrix, ohne die Hannover für mich nicht das wäre, was es ist.

Hans Werner Dannowski

»Hannover macht einen vornehmen Eindruck, aber doch sonderbar«

Am Montag, dem 26. Juli 1880, nachts um 1.30 Uhr, steigt ein Schriftsteller, von Norderney über Emden und Bremen kommend, in Hannover aus dem Zug und übernachtet in Kastens Hotel in der Luisenstraße. Theodor Fontane ist damals noch ein relativ unbekannter Mann, als Journalist und Theaterkritiker verdient er sich sein Geld, nachdem er den Posten als Akademiesekretär 1876 aufgegeben hat. Die berühmten Werke sind alle noch nicht geschrieben, die »Effi Briest«, »Irrungen und Wirrungen«, ganz zu schweigen vom »Stechlin«. Nur einige der »Wanderungen durch die Mark Brandenburg« sind schon in den Buchhandlungen zu haben, aber die Berliner Gesellschaft ignoriert Fontane – zu dessen Bekümmerung – noch in den achtziger Jahren fast ganz.

Im Laufe des Montags, nachdem er offenbar einige Stunden durch Hannover gelaufen ist, schreibt Fontane aus Kastens Hotel an seine Frau und gibt in diesem Brief auch ein summarisches Urteil über Hannover ab. »Hannover macht einen vornehmen Eindruck, aber doch sonderbar; in mancher Beziehung wie München: groß, weit, leer, forcierte Gotik (die mir doch nicht recht scheinen will), überhaupt etwas 'rauf Gepufftes, wie jemand der sich über seine Kräfte anstrengt und dem die Puste ausgeht«.

Und dann erzählt Fontane (der ganze Brief ist im »Niedersächsischen Lesebuch« von Eyssen/Storch abgedruckt) die köstliche Geschichte jener ersten kurzen Nacht. Ein penetranter Ammoniak-Geruch lässt ihn nicht schlafen: Das Dienstmädchen hat vergessen, den Nachttopf des Vorbewohners auszuleeren. Fontane kippt, nachdem er die Nachtpatrouille abgewartet hat, den Inhalt (mit Nachspülen) zweimal durch das Fenster auf die Straße. »Das war mein ›entrée joyeuse‹ in die Welfen-Hauptstadt, von der ich mir ›als Christ, als König und als Welf‹ einen reinlichen, poetischen Eindruck versprochen hätte«. Die stolzen Worte, mit denen König Georg V. das preußische Ultimatum 1866 abgelehnt hatte und ins Exil gegangen war, sind also schon berühmt. Und Fontane kündigt seiner Frau für den nächsten Tag abends 8 Uhr seine Ankunft in Berlin auf dem Lehrter Bahnhof an. »Braunschweig schenk' ich mir«.

Ich habe in Kastens Hotel Luisenhof nachgefragt: Weder Gästebucheintragung noch Nachttopf sind vorhanden. Das Gästebuch, das mir der geschäftsführende Direktor vorlegt, fängt im Jahr 1924 an. Aufregend genug ist es, in solchen Gästebüchern zu blättern und sich festzulesen, die manchmal fast unleserlichen Worte und Unterschriften zu entziffern. Marcel Marceau ist hier gewesen und Henry Kissinger, Cecilia Bartoli und Götz George, Georg Solti, Yehudi Menuhin und Herbert von Karajan und wie die Berühmtheiten alle heißen mögen. Was werden sie über Hannover gedacht, gesagt, welche Bilder werden sie mitgenommen haben? Gerade die flüchtigen Besucher haben ein scharfes Auge für die Stadt und oft, wie Theodor Fontane, ein scharfsinniges Urteil über sie. Das, was die Hannoveraner über ihre Stadt sagen und empfinden, haben oft auswärtige Besucher vorgedacht. Es wird richtig sein, denke ich mir, meinen Weg durch Hannover an diesem menschlichen Umschlagplatz, am Bahnhof, zu beginnen.

Um 6.00 Uhr früh finde ich mich am Bahnhof ein. Das Erwachen der Stadt möchte ich an diesem Ort miterleben. Eine lange Tradition hat der Bahnhof und eine hohe Bedeutung heute. Am 22. Oktober 1843 ist hier der erste Zug nach Lehrte ausgelaufen. Als ein »Hauptknotenpunkt des nordeuropäischen Eisenbahnverkehrs« (Kunst- und Kulturlexikon) wird er jetzt beschrieben. 797 Züge auf 14 Gleisen treffen hier täglich ein und fahren weiter, 194 000 Menschen steigen jeden Tag aus, ein und um. 1875–80 ist das Fünfteilige neoromanische Empfangsgebäude von Hubert Stier gebaut, den ich von den Architekten der Hannoverschen Schule ganz besonders schätze und dessen großzügige Hallenkonstruktion man nach dem gegenwärtigen Umbau wieder erlebbar machen will.

Wie ein atmender Körper kommt mir der Bahnhof an diesem Morgen vor. Im Minutentakt sozusagen werden Menschen die Treppen hinunter durch die Bahnhofshalle geweht. Dazwischen sind ein paar Minuten Ruhe, fast menschenleer ist für einen Augenblick der weite Raum, bis das nächste Ausatmen folgt. Je später es wird, umso dichter werden die Menschenmassen und umso schneller die Schritte. Einzelne fangen an zu laufen, sie haben wohl den richtigen Zug verpasst.

Manches Gesicht kenne ich: Einen Mitarbeiter des Justizministeriums habe ich fast täglich auf meinem Weg von der Waterloostraße zur Marktkirche getroffen, und immer – morgens oder nachmittags – lief er. Sein Joggingprogramm war das wahrscheinlich, aber kurios sah es aus und zum Spott reizte er mich: Im Anzug mit Krawatte und Lederköfferchen und im Dauerlauf unterwegs. Wahrscheinlich hat er sich im Ministerium erst einmal ausgeruht und die Zeitung gelesen. Zielstrebige Bewegung und manchmal auch überstürzte Eile ist das Programm am Bahnhof, wenn der Tag beginnt. 60000 Menschen strömen so am Morgen zur Arbeit in die Stadt hinein.

Da stehe ich, horche auf die Geräusche der eiligen Schritte, auf die Fetzen der Gespräche, schaue dem Ein- und Ausatmen dieses Körpers zu. Der Bahnhof ist kein Raum zum Bleiben. Ein öffentlicher Raum par excellence ist dieser Bahnhof. Aber der öffentliche Raum wird zu einer Funktion der Fortbewegung. Keinen eigenen Wert besitzt dieser Raum, und wie schön der Bahnhof etwa vom Ernst-August-Platz aus ist, hat wahrscheinlich nur selten jemand gesehen.

Ein »modernes Dienstleistungszentrum« soll der Bahnhof nach dem Umbau werden, mit besseren Geschäften, besseren Toiletten, besseren Beratungs- und Serviceleistungen. Auch die Dienstleistung dient der flüssigeren Fortbewegung. Als eine Autobahn für Fußgänger, mit Stoßverkehr, erlebe ich den Bahnhof an diesem Morgen. Später wird es ruhiger und unübersichtlich, wenn die Umsteiger kommen und die Hannoveraner auf Reisen gehen. Dann kommen auch die, die in der Anonymität des Bahnhofs und in dem Kommen und Gehen sich wohl und zu Hause fühlen. Die Bewachungsdienste und die Polizei werden ihre Arbeit haben.

Abfahrender und Ankommender bin ich selbst, als begeisterten Bahnfahrer habe ich mich oft erlebt. In Bewegung sein und durch die Räume gleiten, ohne etwas dazu zu tun. Heute aber interessieren mich die Menschen, die im Strom der Bewegungen nicht mitlaufen können oder wollen. Die Menschen, die vom Atem der Stadt ausgeatmet werden, hier auf den Boden fallen. Die Institutionen, die ihnen, wenn auch nur auf kurze Zeit, einen Raum zum Bleiben bieten. Einen herausragenden Platz hatte früher die »Bahnhofsmission«, eine 1a-Lage, wie das im Fachjargon heißt. Schräg gegenüber der Schalterhalle war sie vor aller Augen. Oft bin ich am Sonntag vor dem Marktkirchengottesdienst herübergekommen, um die ökumenische Andacht um 8.00 Uhr in dem Aufenthaltsraum zu halten.

Große Zeiten der Bahnhofsmission hat es gegeben, als die Aussiedler in Massen kamen und die DDR-Besucher nachts auf die Züge warteten. Jetzt wird die Bahnhofsmission an den Rand gerückt, in 1b-Lage, wie es heißt. Das ökonomische Denken hebt das Niveau, macht manches Menschliche kaputt. Die Überformung der Räume durch die Bewegung stößt hier an ihre Grenzen. »Die Zahlen werden geringer«, sagt eine Mitarbeiterin, »die Probleme größer«. Altersverwirrte, psychisch gestörte Menschen haben sie in immer größerer Zahl. Ausländer, die nicht mehr aus noch ein wissen. Die normalen Hilfen zum Umsteigen laufen nebenher. Eine Tasse Kaffee, ein Rat, ein gutes Wort: Die »blauen Engel« bereiten einen »Raum der Stille« vor an einem Ort, an dem alles – so die Utopie – immer reibungsloser geht.

Den Kontaktladen »Mecki« der Diakonie muss ich jedes Mal lange suchen. Er versteckt sich hinter dem Bahnhof im Gewirr der Raschplatzgänge. Von 8.00 bis 10.00 Uhr ist er geöffnet, etwa 50 Obdachlose finden sich hier jeden Morgen ein.

Die Fotografin Karin P., die solche Erfahrungen aus ihrem eigenen Leben kennt und langsam zur Berühmtheit wird, will gerade gehen. »Sie haben mich neulich nicht begrüßt«, sagt sie. Ulla, Veronika und Silke-Marie haben heute Dienst. »Wir reden uns alle mit Vornamen an und mit Du. Die Nachnamen wissen wir meist gar nicht, auch Vornamen sind gelegentlich fiktiv. Anonymität ist Schutz, aber auch das Du ist wichtig. So erzählen die Männer und Frauen uns ihre Geschichten, die manchmal alle und manchmal keiner kennt. Ein Stück Vertrautheit, mit allen Schwierigkeiten, immer nur auf Zeit«.

Das ist extrem städtisches Lebensgefühl, geht mir durch den Kopf. Ich will dir nahe sein, ohne dass du mich mit Beschlag belegst. Eine der drei ist Krankenschwester, sie hat genug zu tun. 200 bis 400 Männer und Frauen schlafen nachts auf den Straßen, schätzen sie. 2000 Menschen sind ohne eigene Wohnung in der Stadt. Eine Extremform von Bewegung: Menschen ohne Bleibe, immer unterwegs. Deshalb sind sie wohl auch so gerne hier, wenn man sie auch gerade auf dem Bahnhof absolut nicht gerne sieht.

Dann gehe ich langsam wieder durch den Bahnhof hindurch. Neben dem Reiterstandbild des Königs Ernst August bleibe ich immer lange stehen. Nicht der Inschrift wegen mit dem berühmten hannoverschen Genitiv: »Dem Landesvater sein treues Volk«. So treu ist das hannoversche Volk auch nicht gewesen. Schon wenige Jahre nach der Einweihung des Denkmals ist es mit fliegenden Fahnen zu den siegreichen Preußen übergewechselt, König Georg V. hat es in seinem Exil in Gmunden sehr bekümmert.

Auch die massive Wucht des Reiterstandbildes ist es nicht eigentlich, die mich hier hält. In der Dynamik des Pferdeleibes spürt man schon, dass ein großer Künstler wie der Berliner Christian Daniel Rauch den ersten Entwurf geliefert hat; sein Schüler Albert Wolff hat das Denkmal 1861 vollendet. Nein, ich habe den Eindruck, dass ich von diesem

Platz vor dem Bahnhof die städtebauliche Vision, die der Hofbaumeister Georg Ludwig Friedrich Laves für Hannover hatte, am besten nachvollziehen kann. Da sind die fünf Straßen, die radial auf den Bahnhof zulaufen; als ein Fünfeck hat Laves den Bahnhofsvorplatz angelegt. Seit 1819 laufen die Pläne einer nordöstlichen Stadterweiterung, die auch das Steintor einbeziehen. 1841–43 werden Bahnhof und Bahnhofsvorplatz in den Gesamtplan eingefügt.

Meine Augen verfolgen die Bahnhofstraße, die zunächst gerade auf den Turm der Marktkirche zugeht. Von Nordosten trifft der Blick auf die in Ost-West-Richtung ausgestreckte Kirche, das Pentagramm ist mit erstaunlicher Deutlichkeit vom Bahnhof aus zu sehen und auch die Uhr an der Nordseite des Turms. Aber die Straße führt nicht vom Bahnhof bis zur Marktkirche hin, sie knickt vorher nach links in die Georgstraße und halblinks in die Karmarschstraße ab. Die große Idee des Hofbaumeisters Laves ist mir von diesem Standort aus absolut begreifbar, die Straße vom Bahnhof aus an der Marktkirche vorbei bis zum Schloss gerade durchzubrechen.

Bis dahin hatte Hannover ja nur die Straßen in der Nord-Süd-Richtung gekannt. Die Lein- und Burgstraße, die Knochenhauerstraße, die Markt- und Schmiedestraße, die Osterstraße sind nahezu Parallelen. Die Ost-West-Verbindung musste erst geschaffen werden. Ein Klassizist ist Georg Ludwig Friedrich Laves; das Erbe des griechischen Altertums war ihm, wie allen deutschen Klassizisten, durch die römische Vermittlung zugeflossen. Der Geist der römischen Architektur und Stadtplanung aber war die Herrschaft der Geometrie. Auf linearen Vorstellungen basieren alle Ideen und Bilder, die Laves vor Augen hat. Eine klare und genaue Orientierung im Raum ist wichtig. Räume mit exakt definierten rechten Winkeln, und Laves hätte Hannover wohl gerne wie ein Gittermuster angelegt. Klare Formen dominieren, wie das Dreieck, oder der römische Bogen, oder die Kuppel, die sich aus der Drehung eines Halbkreises im dreidimensionalen Raum ergibt. Die Sehnsucht nach Orientierung und Bestätigung im Raum beherrscht diese erste Hälfte des 19. Jahrhunderts; vielleicht ist es die Sehnsucht einer tief verunsicherten Zeit. All das ist in Kompromissen stecken geblieben.

Der Mann auf dem Ross neben mir, der König Ernst August, hat die gerade Achse zwischen Schloss und Bahnhof – wahrscheinlich wegen des zu erwartenden Widerstandes – nicht genehmigt. Dabei hatte Laves sicherlich vor Augen, dass der Umbilicus, der Nabel des Stadtkerns das königliche Schloss sein sollte. Mit der Anlage des Waterlooplatzes 1828–30 und dem Bau der Waterloosäule 1829–32, die ihren Schatten in Richtung auf das Schloss warf, hatte Laves vorgesorgt. Der Geist des Klassizismus und der römischen Stadtplanung, den Richard Sennett in seinem Buch »Fleisch und Stein« unter die Überschrift »Sieh und Gehorche« stellt, wäre dem autoritären Denken des Königs absolut kongruent gewesen. Ernst August hat, in englischer Umgebung aufgewachsen, den Geist des Klassizismus wohl nie ganz begriffen. Der Umbilicus Hannovers, der Nabel dieser Stadt hat sich folgerichtig von dem prächtigen Schloss dort hinten an der Leine zu einem ganz undefinierten Platz hin verlagert. Der Kröpcke, von dem ungeliebten Kröpcke-Center und der Tonnenkonstruktion des Café Kröpcke eingerahmt, in dem – wie an mehreren anderen Orten – der liebenswerte und immer begeisterungsfähige Dietmar A. als Chef an allen Fäden zieht.

Mit ein paar Schritten bin ich vom Bahnhof dort, die unterirdische Passerelle benutze ich eigentlich nur bei Regenwetter. Es ist ein strahlender Maitag, aber ein böiger Wind fährt über den Platz. Erst am Nachmittag blüht der Platz auf, manchmal kommt man vor Werbeständen und Menschentrauben nicht mehr durch. Selbst am Vormittag, selbst bei dem Wind: Der Platz reizt zum Stehenbleiben. Ist es der freie Blick nach allen vier Seiten, ist es das Gefühl, im Mittelpunkt zu stehen? Eine Schulklasse diskutiert, einige Obdachlose prosten sich zu. Einzelne haben die Kröpcke-Uhr als Treffpunkt ausgemacht. Vier Ukrainer, in Schwarz mit Fliege: Flöte, Geige, Schifferklavier und Domra-Bass, haben sich aufgebaut, spielen Mozart und dann die sehnsuchtsvollen russischen Weisen. In Hameln sind sie zu Hause, erfahre ich, einmal in der Woche kommen sie herüber. Ein Windstoß erfasst ihre Noten und wirbelt sie über den ganzen Platz, Jungen und Mädchen laufen mit den Musikern hinterher und sammeln das alles ein. Freigiebig sind die Leute, es wird sich lohnen.

Heiter ist dieser Vormittag am Kröpcke. So wird es nicht immer sein. Die Polizei, die in einem Auto wartet, weiß sicher auch anderes zu erzählen. Den »Choral am Kröpcke« um 17.00 Uhr hat jahrelang unsere Stadtmission gehalten, mit Posaunenmusik, Ansprache und manchmal aggressiven Diskussionen. Hier hörte man, was die Leute über die Kirche denken. Manchmal war es auch nur der Suff.

Eine anarchische Landschaft ist dieser Kröpcke-Platz, an dem alles möglich und vieles eine Herausforderung ist. Ohne Erwartungen, ohne Voraussetzungen, nur einfach so. Von einer Stunde zur anderen wird er sich verändern. Manchmal kann ich mich hier niederlassen, manchmal werde ich über die Grenzen des Erträglichen hinausgetrieben. Auf einmal spüre ich die Gleichgültigkeit um mich herum, packt mich die Sehnsucht nach dem Bekannten und Soliden. Mit schnellen Schritten gehe ich in die Ständehausstraße, in die »Holländische Kakaostube« hinüber.

Ein Stück des alten Hannover ist das. »Der Hannoveraner ist ein dauerhafter Charakter, voll Sinn für das Praktische und auch für das Schöne«: So hat Karl Jakob Hirsch in seinem Roman »Kaiserwetter« die Menschen in seiner Heimatstadt beschrieben. Was eine Kakaostube mit Holland zu tun hat und wie das beides nach Hannover kommt, wird eher als Zufälligkeit zu beschreiben sein.

Cortez habe die Kakaobohne von Mexiko nach Spanien gebracht, lese ich; 1679 hat sie Deutschland erreicht. Haupterzeugerländer sind bis heute die Goldküste, Brasilien, Nigeria. Die Holländer haben es in der Zubereitung weit gebracht. 1896 hat ein Holländer, van Houten, das »Cacao-Probe-Local« in der Ständehausstraße in Hannover aufgemacht. 1921 hat Friedrich Bartels der Erste es übernommen. Fest im Familienbesitz hat man es gehalten und das holländische Element dabei ausgebaut. Delfter Kacheln ringsherum, die alten, die in schwarz aufgetragen werden und blau im Brennvorgang oszillieren; die neuen, die ausgemalt sind. Schiffe im Wind, Fischer, Rembrandt-Kopien an allen Wänden. Heute kommen Holländer und sagen: Weshalb gibt es das nicht mehr bei uns? Die Koinzidenz von Weltläufigkeit und Bodenständigkeit ist das Geheimnis, denke ich. Friedrich Bartels der Dritte führt heute das Geschäft.

Bei Kakao (mit Sahne), Ragout fin und Baumkuchen (»König der Kuchen und Kuchen der Könige«) erzählt mir Friedrich Bartels der Zweite alles, was ich zu wissen wünsche. Das Wiener Caféhaus sei Teil des Lebens, die Holländische Kakaostube ist die kurze Rast. Der kleine Genuss für den Gaumen, die kleine Pause für die Seele: Das ist das Motto. Ein Querschnitt durch die Bevölkerung komme hierher, die Stammkundschaft kann sich sehen lassen.

Ich schaue und höre mich um. Nicht in großen Gruppen, eher zu zweit ist man hier. Viele fühlen sich auch allein wohl. In den Stoßzeiten, vor Weihnachten und Ostern, kommen täglich bis zu 4000 Menschen durch. Jetzt ist es ruhiger. Die Bedienung bleibt aufmerksam, freundlich, schnell. Ein Zeitungsverkäufer, der die Obdachlosenzeitung »Asphalt« anbietet, kommt in das Lokal hinein, wir reden einen Augenblick miteinander.

Ich breche auf, gehe zurück zur Georgstraße, und schon überfällt mich wieder Georg Ludwig Friedrich Laves mit seinen gebauten Visionen. Der Geist und das Leben einer Stadt will visuellen Ausdruck finden. In den Kirchen des Mittelalters, in den Theatern der Neuzeit hat sich das konzentriert. Theater als theatrum mundi, als Welttheater, so haben schon die Römer in ihren Arenen das gesehen. Der Mythos wurde überboten, indem man ihn stattfinden ließ. Repräsentation ist dafür ein viel zu schwacher Ausdruck. Die Künste waren größer und wichtiger als das Leben selbst.

In diesem Geist baut Laves von 1845–52 in spätklassizistischem Stil das gewaltige Hoftheater, das heute die Oper ist. Man muss diesen Bau im Zusammenhang und als Gegenbild zum Schloss in der Leinstraße sehen. Was dort der Portikus

Bedeutende hannoversche Frauen und Männer:

*Karl Karmarsch, August Kestner,
Theodor Lessing, Kurfürstin Sophie von Hannover*

*Ferdinand Wallbrecht, Gottfried Wilhelm Leibniz,
Rudolf von Bennigsen, Hinrich Wilhelm Kopf*

*Johann Adolf Schlegel, Hanns Lilje,
Charlotte Kestner geb. Buff*

Türk Hava
Steintor

Marktkirche

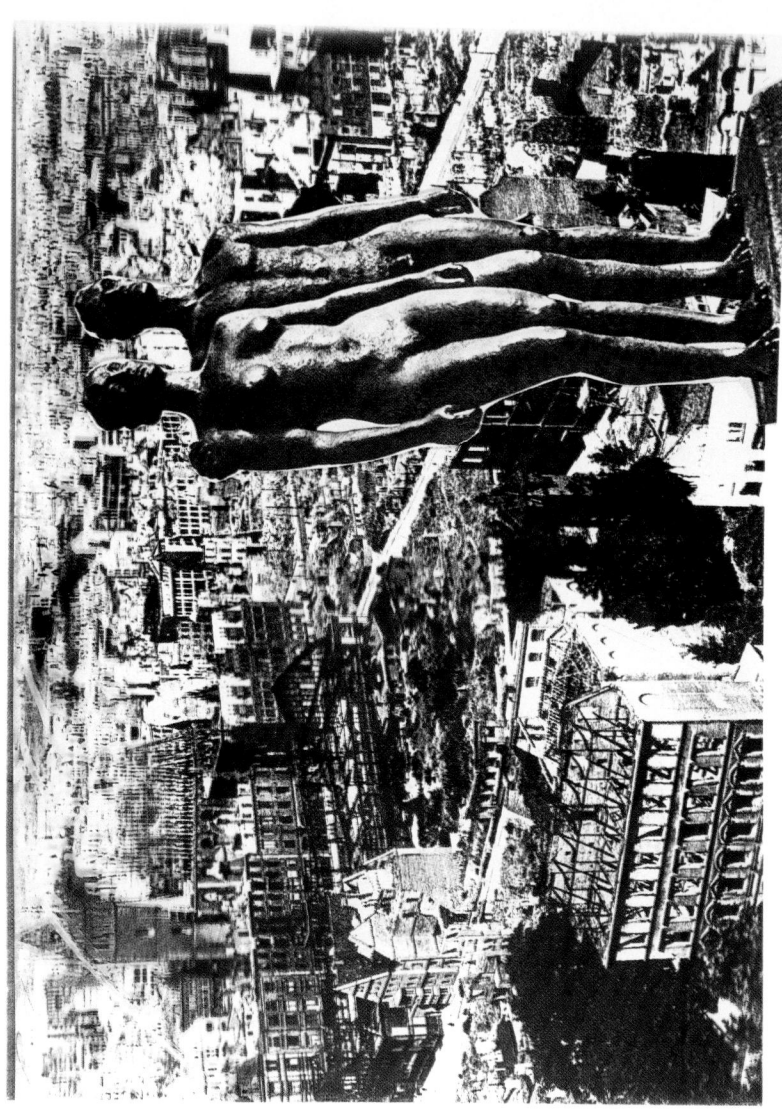

1945

Maschsee anlegen

Drei hannoversche Frauen:

Elisabeth (von Calenberg)
Nana
Sophie (Kurfürstin von Hannover)

1938
die Synagoge brennt

DADA Schwitters

mit den sechs korinthischen Säulen ist, das ist hier der zweigeschossige Vorbau vor und neben den Kuben, in den man früher mit der Kutsche hineinfahren konnte. Der Bau reckt sich in die Höhe, greift weit in die Breite und in die Tiefe aus. Das ganze Volumen kann man nur aus der Vogelschau erkennen. Römische Fensterbögen vermitteln das Gefühl von Harmonie, zwölf Steinskulpturen von Dichtern und Komponisten lassen die Bedeutung ahnen. Im Theater wird höfisches wie bürgerliches Leben öffentlich, gerät in einen Exzess des Gegenständlichen und des Bildlichen hinein. Die Eröffnungsstücke des Hauses setzen dafür prägnante Zeichen.

Am 30. Januar 1689 wird das große Schlossopernhaus, direkt neben dem Schloss, wo heute der Landtag ist, eröffnet. Der frühe Ernst August, der Mann der Sophie, ist damals Herzog, ist noch nicht Kurfürst, aber er strebt die Würde mit allen Kräften an. Der Herrschaftsanspruch dieser Welfenlinie steht auf der Tagesordnung, und »Enrico Leone« (»Heinrich der Löwe«) mit der Musik des Hofkomponisten Agostino Steffani ist dafür das rechte Stück. Der Ort der Handlung wird kurzerhand von Braunschweig nach Lüneburg verlegt, und die Rückkehr des nach siebenjähriger Pilgerfahrt Totgesagten ist die ewige Wiederkehr des großen Ahnen in die Dynastie der Gegenwart.

Am 1. September 1852 wird dieses vor mir liegende Opernhaus eröffnet. Die Zeit ist über die fürstlichen Ansprüche hinweggeschritten, auch wenn Hannover mit Georg V. noch einen König hat, der das Gottesgnadentum des Herrschers mit Selbstverständlichkeit vertritt. Aber zur Eröffnung des Hauses spielt man Goethes »Torquato Tasso«. Auch hier ist auf dem Theater der Geist der Zeit gegenwärtiger und fassbarer als in vielem, was sonst in der Stadt geschieht. Der Konflikt zwischen Bürgertum und Aristokratie wird in der Liebe des Dichters Tasso zu der Prinzessin Leonore auf die Spitze getrieben. Er findet seine Lösung – in der Kunst. »Und wenn der Mensch in seiner Qual verstummt, gibt mir ein Gott, zu sagen wie ich leide«.

Nicht von ungefähr kommt es, dass sich das Bürgertum diesen Platz vor der Oper – damals von Bäumen angenehm

unterbrochen – als seinen Platz erwählt und alsbald der
»Schorsenbummel« einsetzte. Diese Stunde nach den Gottesdiensten am Sonntag (in denen man vielfach nicht mehr war), um 12.00 Uhr, die »Flaniertour auf der Georgstraße«, zwischen Ständehaus- und Windmühlenstraße. Die Regimentskapelle auf der Freitreppe des Opernhauses spielte klassische und populäre Melodien, und das vornehme Hannover promenierte – dicht gedrängt bei gutem Wetter – im Sonntagsstaat.

Karl Jakob Hirsch hat auch diesem Aspekt hannoverschen Gesellschaftslebens um die Jahrhundertwende in dem Kapitel »Promenadenkonzert« des Romans »Kaiserwetter« eine sensible und bissige Hommage gewidmet. Die jungen hannoverschen Mädchen haben es ihm vor allem angetan, die »rosig und unendlich pfirsichzart« im Frühling auferstehen und die einen Bummel auf der »Schorsengasse wohl als einzige Ausschweifungserinnerung in eine bald zu erwartende bürgerliche Ehe« retten wollen. Der Schorsenbummel endet an diesem Sonntag damit, dass der Reisende Otto Plümeke, der ein Jahr im Gefängnis gesessen hat, unter den Klängen von »Ich bete an die Macht der Liebe« dem stadtbekannten Rechtsanwalt de Vries, der ihn in der Zwischenzeit mit seiner Frau betrogen hat, die Faust ins Gesicht schlägt. Andere Zeiten kündigen sich an.

Das gilt auch für Theater und für Oper. Wenn zur 300-Jahr-Feier der Oper 1989 Agostino Steffanis »Enrico Leone« noch einmal wieder aufgeführt wird, dann ist in der heiteren und spielfreudigen und bilderreichen Inszenierung von Herbert Wernicke die Distanz zu den Inhalten der Oper mit in Szene gesetzt. Die Zeit der Weltbilder und der Gewissheiten ist vorüber.

Am 23. November 1985 erleben wir die Erstaufführung von Arnold Schönbergs »Moses und Aaron« zur Wiedereinweihung des renovierten Opernhauses. Die Sehnsucht nach Sinn geht in Szene, die Gottesfrage ist Hans-Peter Lehmanns, des Intendanten, Thema über mehrere Spielzeiten hinweg. Vor der Auschwitz-Rampe läuft das Drama der inneren Gespaltenheit des Menschen zwischen Gedanken und Wort, zwischen Geist und Ungeist, zwischen Gottesgehorsam und Erdverbundenheit ab. Eine »Chiffre der unnennbaren obersten Wahrheit«, eine Bruchlinie eines geahnten Ganzen hat Theodor W. Adorno Schönbergs »Moses und Aaron« genannt. Das ist sicher das Höchste, was man über Theater und Oper heute sagen kann. Darum sind der Ballhof und das Schauspielhaus in der Prinzenstraße und die Oper hier unverzichtbar für elementares Leben in einer Stadt. Die »urbanen Stadtmagier« (Ulrich Khuon) sind hier am Werk.

Der Schritt wird automatisch langsamer auf der Georgstraße, in Richtung Aegidientorplatz gehe ich. Der Blick bleibt in Schaufenstern hängen. Beckmann Antiquitäten; Louis Schrader Uhren, Schmuck und Silberwaren. Im viel gerühmten Varieté, im »GOP«, auch im »Neuen Theater« bin ich noch nie gewesen, fällt mir ein.

Gegenüber dirigiert Heinrich Marschner mit schwerer Hand. Beim Teppichhaus Pakzad steht mir auf einmal die Beerdigung des Seniorchefs, von Dr. Amir Pakzad, vor Augen. Mit einem Onkel, der in New York lebt, einem muslimischen Geistlichen stehe ich am Grabe. Mit Worten und Gebärden gerät er völlig außer sich, bricht fast zusammen. Orientalische Totenklage. Besorgt gehe ich zu ihm hin.

Ehe ich in die Aegidienkirche hineingehe, suche ich – wenn ich Zeit habe – immer erst einen bestimmten Blick. Eine Kollektion der Durchblicke könnte ich für Hannover schnell zusammenstellen. Im Senior-Blumenberg-Gang, zwischen zwei Häusern, gibt es einen solchen Blick auf die Aegidienkirche. Ich weiß eigentlich nicht, was mich hier fasziniert. Vielleicht ist es eine bestimmte Ordnung der Entfernungen, die Zuordnung der Verschiedenheiten. Das rote Dach des Aegidien-Wohnheimes läuft diagonal durch meinen Blick, und dahinter, wie daraus emporwachsend, der graue, gerade Turm der Kirche mit dem grünen Rund des Glockenspiels. Romantische Ecken gibt es in Hannover selten. Auch ein paar Schritte weiter, der Kinderspielplatz vorne und der Aegidienturm dahinter, empfinde ich das so. Zwei Welten in einer. Nah und fern und groß und klein.

Eine weise Entscheidung ist es gewesen, die Ruine der Aegidienkirche nicht wieder aufzubauen. Eine Stadt braucht Bilder der Erinnerung und der zerstörten Zeit. Achtzehn Jahre bin ich Vorsitzender des Kuratoriums der Gedenkstätte St. Aegidien gewesen. Viel Arbeit war das nicht, aber im Rückblick erscheint sie mir gewichtiger, als sie in der Hektik der Tage damals war. Der Gedenktag des Atombombenabwurfs auf Hiroshima, der 6. August, um 8.15 Uhr mit dem hallenden Klang der Friedensglocke. Die Abendgebete in der Wendezeit. Der Sternmarsch der Einhunderttausend, der gegen Fremdenhass und Intoleranz protestierte und vor der Oper endete, ist hier hindurchgegangen. Bei Kälte und strömendem Regen haben wir hier gestanden, gesungen und gebetet.

Die Faszination des offenen Raumes. Die Mauern ragen dunkel hoch, lassen die Fensterhöhlen frei und den Himmel offen. Der Raum, der das Licht einfängt, und das Licht, das die Enge bewusst macht. Dorothee von Windheim hat versucht, einen bestimmten Sonnenstand auf dem Boden in einer Schattenlinie einzufangen. Aber das ist es alles nicht, du kannst es im Umhergehen viel aufregender erfahren.

Und dann stehen wir am 1. Advent 1997 in dem Kirchenschiff, recken die Köpfe nach oben und hören vom Glockenspiel St. Aegidien den Song »Wind of Change«. Der Oberbürgermeister hat im Kuratorium die Idee gehabt, das Lied der ›Scorpions‹ zu den Ehren der Altäre zu erheben und es ins Ritual der täglichen Choräle und Volkslieder aufzunehmen. Die ersten Versuche unseres Kirchenmusikdirektors sind turbulent: Melodieführung und Begleitung müssen ganz einfach werden. Aber vom Endergebnis sind – zu aller Erleichterung – Klaus Meine und Rudolf Schenker hell begeistert. An jedem Freitag um 18.00 Uhr ist es zu hören. »The future is in the air. I can feel it everywhere«. Der Wind der Veränderung hat heftig geblasen in diesen Jahren. Seltsam, dies alles hier zu hören. Wie Ende und Anfang doch zusammengehören...

Langsam wandere ich zum Neuen Rathaus hinüber. Ein Blick nach links: Die Hochstraße über den Aegi ist nun weg, auch die Nostalgie, mit der der Abriss geradezu gefeiert wurde. Man gewöhnt sich so sehr an das Vorhandene. Ich habe mir nie und nimmer vorstellen können, dass der Verkehr über den Aegi ohne die Hochstraße klappen könnte. Unendliche Staus geisterten durch meine Phantasie. Schon wieder einmal hat man sich getäuscht. Aber ob der Aegidientorplatz noch einmal wieder zu einem Platz werden und nicht nur eine Ampelkreuzung sein wird, die man so schnell wie möglich hinter sich lassen möchte?

Früher konnte man das alles noch von oben sehen, das hatte seinen Reiz. Auch das prächtige »Barockschloss« des Rathauses, »ein Schuss Neuschwanstein, ein bisschen Petersdom«, wie einmal die »Neue Presse« zu einer Luftaufnahme schrieb. Vielleicht kann man ja in zwei Jahren, wenn das gläserne Hochhaus der Nord/LB mit seinen 17 Geschossen und 60 Metern über dem kleinen Binnensee hochgezogen ist, alles neu bewundern.

Im Inneren des Rathauses verwandelt sich die weite Leere der Eingangshalle sofort in Bilder und Gestalten. Das Ritual der »Bruchmeisterverpflichtung« am Beginn des Schützenfestes mit Blasmusik und Standarten habe ich hier unzählige Male mitgemacht. Weit bewegender das »Fest der Nationen« auf den Treppen und in allen Gängen. Vor allem die Abschiede sind auf einmal da. Hier habe ich dem großartigen ehemaligen Stadtbaurat Rudolf Hillebrecht, der Hannover mit kühner Vision und enormer Durchsetzungskraft wieder aufgebaut hat, eine der Gedenkreden halten dürfen. Erst nach seiner Beerdigung habe ich schmunzelnd gelesen, dass man ihm einst vorgeworfen hat, Ziel seiner Planung sei es, von jedem Punkt der Stadt aus im Liegen den Marktkirchenturm sehen zu können.

Dann gehe ich durch die Gänge im ersten Stock. Der »Mosaiksaal« mit den Mosaikbildern des Handwerkertriumphzuges von Julius Diez. Der »Hodlersaal« mit dem Wandgemälde von Ferdinand Hodler »Einmütigkeit«. Dieses gewaltige Bild voller Monumentalität und Pathos, das mit den hochgereckten Händen in einem Haus, das den Ausgleich der Interessenkonflikte als Arbeitsauftrag hat, die

Idee der Einheit festhalten will. Im Amtszimmer des Oberbürgermeisters sitze ich mit am runden Tisch. Herbert Schmalstieg hat seinen Stammplatz, von dem aus er die Uhr der Aegidienkirche sehen kann. Seit Januar 1972 ist er der Oberbürgermeister dieser Stadt. Damals mit 28 Jahren das jüngste, heute mit Abstand das dienstälteste Stadtoberhaupt in deutschen Landen. Seit November 1996 auch im Doppelamt des Repräsentanten und des Verwaltungschefs. Offen ist dieser Mann, verlässlich. Berührungsängste kennt er nicht. »Ich brauche direkten Kontakt zu Menschen«: Dieses ureigenste Bedürfnis des Menschen ist die Stärke des Politikers. Eine unglaubliche Vitalität und Gestaltungsfreude hat dieser Mann. Wenn wir, auf einer Fahrt in Hannovers Partnerstadt Bristol, uns morgens im »Mansion House« des Lord Mayor zum Frühstück trafen, hatte er seine Jogging-Tour durch Bristol schon gemacht.

Ein paar Zimmer weiter: Das ehemalige Zimmer der Oberstadtdirektoren. Bei der Verabschiedung von Jobst Fiedler im November 1996 hat der frühere Stadtbaurat Hanns Adrian eine brillante Rede auf die fünf Oberstadtdirektoren der Zeit nach 1945 gehalten. Karl Wiechert habe ich nicht mehr gekannt. Martin Neuffer, der als Initiator des Straßenkunstprogramms in die Annalen Hannovers eingegangen ist, habe »die ganze Stadt eine Handbreit hoch« gehoben. Vielleicht habe er in manchem die Stadt auch überschätzt. Rudolf Koldewey treffe ich zu meiner Freude noch bei vielen Gelegenheiten. »Er kannte jeden und alles. Er strahlte Integrität aus« (Adrian). Hinrich Lehmann-Grube war »mein« erster Oberstadtdirektor. Seine Klarheit und Intelligenz haben mich beeindruckt. Oft habe ich ihn noch als Oberbürgermeister in Leipzig getroffen: Im Rathaus, in der Oper, beim Abschied des Freundes Johannes R. in der Thomaskirche. Bei seinem Abschied vom Oberbürgermeisteramt in Leipzig, lese ich, sei er in einem Autokorso durch die Stadt gefahren worden.

Dann kam Jobst Fiedler. »Jung, frisch, voller Ideen und Tatendrang. ... Er sprühte ... Er wollte die Enge überwinden« (Adrian). Aber sein Thema wurde die Konsolidierung der Finanzen. Wenn wir in den Verhandlungen mit der

Stadt nicht weiterkamen, habe ich an seinem Tisch gesessen. Grotesk ist es, dass man sich gerade an Peinlichkeiten gut erinnert. Er hatte sich einen Glastisch in sein Zimmer stellen lassen. Eines Tages hatte ich vergessen, mir die Schuhe zu putzen, was man unter der Glasplatte überdeutlich sah. Mühsam war es, mit zurückgezogenen Beinen zu sitzen. – Gesichter, Situationen, Bilder noch und noch in diesem Haus. Es wirkt so groß und kalt, das Rathaus, und ist doch voller Leben.

Zum Abschluss fahre ich zur Kuppel hoch. Erst drei Etagen mit dem normalen Fahrstuhl, übers Dach dann bis zu dem berühmten schrägen Aufzug, der mich in knapp einer Minute nach oben bringt. Die Höhe des Rathauses ist dann doch ganz uneigennützig: Beherrschend liegt die Marktkirche mitten in dieser Stadt. Das Schiff ist erstaunlich kurz, von der Seite aus gesehen, schlichte Größe, vor allem dieser Turm. Dahinter die grüne Kuppel des Anzeiger-Hochhauses. Die Karmarschstraße ist die einzige Gerade bis zum Alten Rathaus hin. Absolut chaotisch ist die Stadt von hier aus. Ziegel, Dächer, Steine, Beton. Als sei die Vielgestaltigkeit dieser Stadt dann doch zu einem einzigen Bild geronnen, als könne alles und jedes passieren unter den Dächern, auf den Straßen. Der Mensch ist absorbiert in das Chaos einer Stadt hinein.

Eine Erholung dann der Blick nach Süden. Den Maschpark zu meinen Füßen liebe ich ganz besonders. Die geschwungenen Linien. Idyllisch und gelassen liegt der kleine See da, man geht, schaut und genießt. Ich kann sogar das Entengeschwader sehen, das im Wasser die Linien seiner Bewegung, ein offenes Dreieck, hinterlässt. Geradezu ein Kontrastprogramm dazu der Maschsee. Die schnurgerade Linie des Rudolf-von-Bennigsen-Ufers: Ein anderer Geist hat diesen See geschaffen. Fast könnte man ahnen, dass er im Dritten Reich entstanden ist. Sportliche Ertüchtigung scheint dieses Programm zu sagen. Der Achter, der unter dem Kommando des Steuermanns die Schläge setzt. Fast ist es symptomatisch, dass jetzt die Skater um den Maschsee rasen. Die Muße muss ihn sich immer erst erobern. Auch dies scheint zu gelingen.

Ein arbeitsloser Maurer hält mich noch eine Weile oben fest, der seine (und meine) Höhenangst mit einem Schwall von Worten überwindet. Dann mache ich, wie so oft von der Waterloostraße aus, die geliebte Maschparkrunde.

Der »zonierte Landschaftsgarten« des Stadtgartendirektors Julius Trip, dessen Denkmal dort langsam zerfällt. Am Rondell steht meine Lieblingsplastik, Henry Moore's »Glenkiln Cross« von 1960. Bernhard Sprengel hatte es auf der zweiten Documenta in Kassel gesehen, es erworben und der Stadt Hannover zum Geschenk gemacht. Henry Moore, der vielleicht der größte Bildhauer dieses Jahrhunderts war, hat diesen Platz am Maschteich selbst ausgesucht. »Ich würde meine Arbeiten lieber in einer Landschaft haben (gleichgültig in welcher)«, hat er gesagt, »als in oder auf dem schönsten Gebäude, das ich kenne«. Dieses »Schottische Kreuz« in einem der schönsten Parks: Das Kreuz verschmilzt mit einem Körper. Die eckigen Balken werden rund, werden ein Torso. Unten auf dem Sockel eine Jakobsleiter, mit der man in den Himmel steigt, oder einfach auch nur die Leiter am Kreuz. Geheimnisvolle Zeichen: Eine Mondsichel, das Auge (Gottes), das über den Maschteich blickt. Hochragende Strahlen. Das Kreuz hat kosmische Dimensionen, lerne ich bei Henry Moore. Vielleicht auch anders herum: Das Volumen, die Materialität legt sich auf das Kreuz hin aus. Die Idylle sprengt sich auf. – Noch einmal die Kraft der »schönen Aussicht«: Der Blick von der Brücke auf das Rathaus hält mich fest. Dann gehe ich zum Landesmuseum hinüber.

Ich werde heute das Museum nicht betreten. Ich werde auch in das Sprengel Museum nicht hineingehen. Zu gut kenne ich beide Häuser, um nicht genau zu wissen: Damit wirst du nie an ein Ende kommen. Europäische Geistesgeschichte wird da geschrieben, von der Urgeschichte ganz zu schweigen. Ist in Bildern musealisiert, um sie für die Gegenwart neu zu gewinnen. Unglaublich unterschätzt die Gemäldesammlung des Landesmuseums: Von Meister Bertram bis zu Liebermann und meinem Landsmann Lovis Corinth reicht dieser Bogen. Angemessen wahrgenommen die Sammlungsleistung des Mäzens, die Bedeutung des Sprengel Museums als eines der großen deutschen Museen der modernen Kunst: Nolde, Beckmann, Klee, Picasso, die amerikanische Moderne. Nein, ich werde mich nicht verführen lassen, meinen Gang durch die Stadt auch durch die Säle der Museen und Kunstvereine zu nehmen. Ich würde mich im Unendlichen verlieren.

Schon der Blick von außen auf das »Niedersächsische Landesmuseum«, das Hubert Stier im Stil der Neorenaissance von 1897–1901 gebaut hat, zeigt den Anspruch. Das Bildprogramm des Frieses auf der Straßenseite mit den zehn szenischen Reliefs über die Entwicklung der Menschheit und der Kräfte, die sie vorangetrieben haben. Von den vorgeschichtlichen Menschen über die Pharaonen, das Mittelalter, die Renaissance und auch über Hannover (Sophie und Leibniz) geht der Weg.

In der Hauptfassade groß die Sphinx zwischen dem Leben und dem Tod. So hoch reicht der Anspruch der Kunst im Übergang zum 20. Jahrhundert: Die Sphinx als Sinnbild der Weltenrätsel, zwischen Leben und Tod ist ihr Ort. Wer hier eintritt, dem werden sich die Rätsel schrittweise entschlüsseln. Bescheidener sind wir geworden. Auch unwissender natürlich. Bei der Betrachtung dieser Fassade kommt mir Nietzsches Wort von der Symbolik der Linien und der Figuren in den Sinn: Die Stimmung einer »unausschöpflichen Bedeutsamkeit« enthält ein solcher Schmuck, »gleich einem zauberhaften Schleier«. Vielleicht reizvoller als zu der Zeit, da man das alles lesen konnte. Dem steht die Irritation des Maskenhaften entgegen, veranschaulicht, wie Nietzsche sagt, »durch das schöne Gesicht einer geistlosen Frau«. Beides, der Reiz und die Irritation, ist auf einer so reich geschmückten Fassade reichlich zu entdecken.

Und nun gehe man nur einhundert Meter weiter und die Rampe hinauf zu dem Eingang des Sprengel Museums: Es ist alles anders, alles nach innen verlagert. Von außen her denkt man, dies und jenes sei noch nicht zu Ende. »Öffnung und Schließung« ist das Thema dieses Museumsbaus, und da ich mich der Öffnung verschließe, drehe ich mich kurzerhand um und steige die Treppen zum Maschseeufer hinunter.

Zwei Gedanken beschäftigen mich, während ich an dem kurzen Westufer zur Gaststätte am Maschsee entlanggehe und die für das Frühjahr schon sehr dicken Karpfen im Wasser beobachte. Ich werde heute nicht um den Maschsee laufen: In zwei Stunden, mit einigen Ruhepausen, ist das gut zu schaffen. Besonders am Südufer ist das wunderschön, da wo die Landzunge vorspringt und die Weiden in das Wasser reichen.

Was man sich denken könnte, lässt sich von dort aus sehen: Das Rathaus gehört viel mehr zum Maschsee als die Marktkirche. Nein, ich will, ohne ein Ziel erreichen zu wollen, die Gedanken laufen lassen, um die Empfindungen spüren zu können. Da ist meine Ambivalenz der Entstehungsgeschichte des Maschsees gegenüber. Sicher, er war schon weit früher geplant; das Buch, das Waldemar R. Röhrbein 1986 über den Maschsee herausgegeben hat, unterrichtet mit der Gründlichkeit der beteiligten Historiker, Stadtplaner und Biologen in großer Genauigkeit darüber.

Aber der Maschsee ist doch das deutlichste Erbe, das Hannover vom Dritten Reich als positives Resultat dieser Jahre übernommen hat. Am Himmelfahrtstag 1936 ist der Maschsee eingeweiht worden, im März 1934 war der erste Spatenstich erfolgt. Und wenn auch die Berliner Spitzen der Nationalsozialisten fehlten, und Oberbürgermeister Menge – in Gehrock und Zylinder – geschickt auf die lange Planungszeit und den Anteil der städtischen Beamten an der Planung des Maschsees verwies: Ohne die nationalsozialistische Kampagne um die Beseitigung der Arbeitslosigkeit und ohne die »zweite Arbeitsschlacht« wäre der Maschsee wohl niemals fertig geworden.

Und nach den offiziellen Eröffnungsreden fing das an, wofür der Maschsee angelegt worden war. Da begannen, mit Böllerschüssen, die Staffelläufe rund um den See und das Staffelschwimmen am Südufer. Da begann um 15.00 Uhr die Ruder- und Paddelbootregatta und um 17.00 Uhr die Segelregatta. Das alles schloss dann ab mit einer »feenhaften« Strandbeleuchtung und mit einem Feuerwerk. Vor allem aber: In den Kunstwerken, die um den Maschsee stehen, ist ein Stück jener Zeit lebendig. Auch wenn das Hakenkreuz aus der Säule herausgemeißelt ist: Der »Staffelläufer« von Hermann Scheuernstuhl auf der achtzehneinhalb Meter hohen Säule erinnert an die Olympischen Spiele im Berlin des gleichen Jahres und ist als Verkünderin des Gesunden, des Starken und des Schönen gedacht gewesen.

Das »Menschenpaar« von Georg Kolbe in der Mitte des Nordufers trägt den damals beliebten Gedanken der seelischen Gleichrichtung junger Menschen weiter. Die »Löwen« Arno Brekers, die die Löwenbastian hoch aufgereckt bewachen, sind so sehr als Sinnbilder von Kraft und Stolz gestaltet, dass man es leicht nachvollziehen kann, dass die Nationalsozialisten Breker zu ihrem Lieblingsbildhauer erkoren haben und Breker sich auch dazu küren ließ. Das Recht des Stärkeren beseitigte mit hoher Geschwindigkeit alle moralischen Bedenken.

Andererseits: Wenn ich all das einen Augenblick lang vergesse, habe ich auch eine unbefangene Freude daran. Der »Staffelläufer« sieht von unten sehr spielerisch aus und ist am schönsten, wenn eine Möwe auf seinem Kopf sitzt. Über Georg Kolbe hat ein ganz unverdächtiger Zeuge, Theodor Heuß, damals noch Journalist und Kunstkritiker, 1937 (also im Jahr der Aufstellung der Plastik »Menschenpaar« am Maschsee) geschrieben: »Zwischen dem plastischen Werk Kolbes atmet man eine freie und saubere Luft... Kolbe ist ein Mann des seelischen Taktes geblieben«. Auch das kann ich verstehen. Und Arno Brekers Löwen glaube ich ihre Wildheit nicht mehr, und helfe den Kindern, sich auf ihre Rücken zu schwingen. All das verdrängt mein Wissen um die Zusammenhänge, aber beseitigt es nie ganz. So ist es gut, dass der Maschsee in seiner so sehr gewollten Form und mit diesen Kunstwerken vor mir liegt. Die Ambivalenz werde ich aushalten und nie beseitigen dürfen. Geschichte bleibt der Stachel einer allzu gefälligen Oberflächendimension der Dinge.

Ich gehe weiter und denke: Ein See in der Mitte einer Stadt gibt dieser Stadt ein ganz bestimmtes Flair. Ist es der Gegensatz der Elemente, grüble ich. Die Sehnsucht nach dem

Anderen, das ich im Augenblick nicht erreichen kann und will? Oder ist es eher eine Frage der Perspektive? Wo in der Stadt – wenn ich nicht auf einen Turm klettere – kann ich so weit schauen. Landschaften verlangen Abstand, habe ich bei der Eröffnung einer Ausstellung von Landschaftsfotografien im Kunstverein gehört. Die mittlere Distanz. Im Abstand liegt immer auch ein Stück Abschied. In der Enge einer Stadt öffnet sich auf einmal Weite und lässt mich doch nicht ein, lässt mich am Ufer wandern. So winke ich zum Abschied noch einmal zu Alexander Calders »Hellebardier« hinunter, der von hier aus nicht wie ein mittelalterlicher Soldat mit Hellebarde, sondern wie eine neugierige und muntere Giraffe aussieht, und wandere die Waterloostraße hinunter.

Der Schützenplatz ist enttäuschend leer. Das Polizeipräsidium rechts, an dem mich am meisten, auf der Seite der Hardenbergstraße, die Karikaturen der Polizisten in den Gittern der Fenster- und Türrahmen erfreuen. Die Fähigkeit zur Selbstironie hätte ich hier eigentlich nicht vermutet. Da haben wir nun achtzehn Jahre lang gewohnt, in der Waterloostraße 3. Das Pfarrhaus der Schlosskirchengemeinde war das einst, die Marktkirche hat es übernommen, die Wohnung des Stadtsuperintendenten ist darin und auch das Schulpfarramt.

Konträrer kann die Nachbarschaft nicht sein. Das eintönige Hochhaus der Oberfinanzdirektion, das am Tage voller Menschen ist und im 9. Stock eine Kantine hat, in der man gut essen kann und einen weiten Ausblick hat. Der Lindener Berg ist wirklich ein Berg, das habe ich erst dort gemerkt. Der schönste Teil des Altbaus der Oberfinanzdirektion ist leider im Garten total versteckt. Vor der vorgelagerten Eingangshalle ist Kurt Lehmanns »Wächter« von 1955 aufgebaut. Was er eigentlich bewacht, habe ich nie herausbekommen. Aber ich mag die stilisierte Gestalt, und ich mag den Künstler sehr, der sie schuf.

Auf der anderen Seite ein Stück hannoverscher Kulturgeschichte: Die Kaulbach-Villa in der Waterloostraße 1. Von 1857–60 im königlichen Auftrag für den Hofmaler Friedrich Kaulbach errichtet. König Georg V. und Königin Marie nennen ihn in ihrem Briefwechsel 1866 respektlos »den Hohenpriester«, der »politisch so confuse Meinungen hat, daß man bei den Sitzungen am besten nicht mit ihm reden solle.« Aber einen »Meisterpinsel« führt er doch. »Sei so gnädig, ihn (Kaulbach) mir zu schicken, ihn genau zu unterrichten, wie du mein Bild haben willst, und ihm auf das Bestimmteste zu sagen, daß ich ihm nicht länger als acht Tage sitzen kann, sonst bleibt er hier bis zum Jüngsten Gericht und kostet eine Unsumme Geldes und macht, wie du so treffend sagst, vor lauter Tiftelei ein minder gelungenes Bild« (Brief Georgs V. an Marie aus Hietzing bei Wien zur Marienburg vom 2.10.1866).

Wenn Kaulbach keine Zeit hat zum »Tifteln«, dann werden seine Bilder »idealisch«, und so lieben es die beiden. »Idealisch« ist das Bildnis, das Friedrich Kaulbach von seiner Kollegin Elisabet Ney gemalt hat, die – jung und hübsch (ein zeitgleiches Foto zeigt sie eher männlich) – an einer Portraitbüste Georgs V. arbeitet. Das Bildnis Kaulbachs von Elisabet Ney ist – neben »Julia Capolets Hochzeitsmorgen« – eines seiner herausragenden Werke in unserer Landesgalerie. Auch Neys Portraitbüste des Königs (in der Kunstsammlung der Uni Göttingen) ist sehr »idealisch«. Dagegen wirkt Georg V. auf dem Bild, das Kaulbach von ihm gemalt hat, eher krank und müde, zugleich herrscherlich und hochmütig. Georg V. und Marie wird es nicht gefallen haben. Ein Künstler im Konflikt zwischen Fremderwartung und Selbstbestimmung. In diesem Haus Waterloostraße 1 hat er gelebt und gearbeitet. Das Atelier (verändert und verkleinert) ist noch jetzt zu sehen, eine Galerie befindet sich darin.

Kaulbachs Villa war bis zu seinem Tod im Jahre 1903 ein offenes Haus, in dem die in Hannover lebenden und in der Stadt gastierenden Künstler aus und ein gegangen sind. Kaulbachs Tochter Isodore hat ihre Erinnerungen an diese Jahre aufgeschrieben. Da greift hinten im Garten in einer »feierlich stillen Juninacht auf unserer Terrasse« Joseph Joachim zu seiner Violine. »Die Seele des Künstlers schien sich in Tönen aufzulösen«.

Clara Schumann und Johannes Brahms überraschen Kaulbach in seinem Atelier. »Hier ließe sich prachtvoll musizieren!«, sagt Johannes Brahms. Kaulbach arrangiert für den Abend noch ein Konzert mit ihnen in diesem Raum. Liszt und Rubinstein, Richard Voß und Ernst von Wildenbruch: Die Musiker, die Joseph Joachim herbeiführt, sind bedeutender als die Dichter. Bei schönem Wetter haben sie alle unten im Garten gesessen. Da ist jetzt der Waterloo-Biergarten unter den alten hohen Linden- und Ahornbäumen. »Hannovers schönster Biergarten« nennt er sich, und das ist eher untertrieben. Der Geist jener Zeit schwebt noch für die, die darum wissen, durch den Garten. Auch die anderen spüren es wahrscheinlich. Nie haben wir in all den Jahren (außer bei Fußballspielen) betrunkene Gestalten dort gesehen. Überall Gruppen meist junger Menschen bei einem Bier und im angeregtesten Gespräch. Meine Frau und ich kehren noch heute, da wir nicht mehr dort wohnen, gelegentlich dort ein, werden begrüßt als die alten Nachbarn von ehedem, von nebenan.

»In der Altstadt giebt es nicht einen schönen Platz«, hat ein französischer Offizier während der Besetzung Hannovers im Siebenjährigen Krieg nach Hause geschrieben. »Was man so nennt, sind nur Gassen, auf welche mehrere Straßen münden«. Es ist, als hätte Laves sich diese Bemerkung zu Herzen genommen, als er mit der Umgestaltung Hannovers und speziell mit dem Waterlooplatz begann.

1826 hatte Laves angefangen, die Esplanade gegenüber dem Leineschloss zu einem Paradeplatz umzubauen. Am Gedenktag der Waterlooschlacht, am 18. Juni 1832, wird die Waterloosäule feierlich enthüllt und eingeweiht. »Den Siegern von Waterloo. Das dankbare Vaterland«. August Hengst hat die Skulptur entworfen, die Kupferschmiede Conrad und Franz Beckmann haben sie gearbeitet. Klassizismus auch hier, die römischen Trajans- und Marc-Aurel-Säulen werden nachgebaut. Über 40 Meter hinaus reckt sich die Toskanische Säule hoch. Oben rauscht der Siegesengel, die Viktoria heran, setzt mit dem linken Fuß leicht auf der Kugel auf, der rechte Fuß schwingt nach. In der einen Hand hält er einen Lorbeerkranz hoch, um ein würdiges Haupt damit zu krönen. Die andere Hand hält zwei weitere Kränze, als Nachschub sozusagen, schon bereit.

Die berühmte Schlacht von Waterloo auf dem Weg nach Brüssel. Die Erinnerung an einen einzigen Tag halten Platz und Säule fest. Es ist der 18. Januar 1815. 160000 Mann der Alliierten gegen die 200000 Mann der Truppen Napoleons. »Ich wollte, es würde Nacht oder die Preußen kämen«. Wellington behielt das Feld mit seiner Durchhalteparole, die Königlich Deutsche Legion mit ihrem hohen Hannoveraneranteil und die vereinigten Heere der Nordstaaten wankten, aber wichen nicht. »Die Preußen oder die Nacht! Ausgehalten bis zum letzten Mann!« Ein mörderischer Tagesbefehl. Glücklicherweise kamen die Preußen unter Blücher. Glücklicherweise blieben genug Männer übrig, um ruhmbekränzt zurückzukehren und zu Hause den glorreichen Sieg zu feiern. Die anderen, die nicht mitfeiern konnten, die sind hier auf der Säule aufgeführt.

Unter den Heimkehrenden ist auch der General Carl von Alten, der die hannoverschen Truppen befehligte und dessen Standbild, mit der hohen Stirn, die man an seinen Nachkommen kennt, drüben vor dem Niedersächsischen Hauptstaatsarchiv steht. Und der Major Georg Freiherr von Baring, der Held des Kampfes um den Hof La Haye Sainte bei Waterloo. Sein kleines Mausoleum ist auch da drüben neben seinem General.

Da haben nun ein Jahrhundert lang auf dem Waterlooplatz, unter dem Blick des Engels auf der Siegessäule, die hannoverschen Truppen exerziert und paradiert. Im Gleichschritt, im Laufschritt und im Stechschritt. Die Gardejäger und das Grenadier-Gardebataillon, die Gardehusaren und das 1. Bataillon des Artillerieregiments. Die Füsiliere des 73er und die Infanteristen des 74er-Regiments. Von den Kasernen rund um den Waterlooplatz ist nur noch das Gebäude der Gardegrenadiere (1833) da. Jetzt sitzt dort die Wasser- und Schifffahrtsdirektion, aber es riecht noch immer nach Kaserne.

An Sonntagen im Sommer kann man innen in der Waterloosäule die Stufen hinaufsteigen und am späten Nachmittag an Sonnentagen den langen Schatten bewundern, den die Säule in Richtung Wintergarten des Schlosses und in Richtung Marktkirche wirft.

Da stehe ich auf der Plattform. Der Engel ist bedrohlich über meinem Kopf. Ich brauche nur die Augen zu schließen, und die Bilder sind da, die ich mir gerade angeschaut habe. Der Platz hat sich bevölkert, etwa 5000 Mann sind angetreten, in Dreierreihen von 50 à 50, die Offiziere vorneweg im freien Raum. Es ist der 6. Juni 1878. Die Garnison von Hannover ist zum Gebet für den Kaiser angetreten. Am Fuß der Waterloosäule ist ein Altar aufgebaut, und vor ihm steht der protestantische Pfarrer. Die sonore Stimme rollt über den weiten Platz und über die Köpfe der angetretenen Soldaten: »Helm ab zum Gebet!« Ein paar zackige Griffe, es wird gebetet. Ich muss mich schütteln, um das Bild wieder loszuwerden. Der Platz ist menschenleer, als ich die Augen aufmache, und die Kaninchen hoppeln munter.

Drüben im neuen Schauspielhaus an der Prinzenstraße, fällt mir ein, haben sie vor einiger Zeit das Stück von Jakob Michael Reinhold Lenz »Die Soldaten« gespielt. Als Slapstick-Komödie hatte Hartmut Wickert das Stück inszeniert. Die großartige Aufführung der Oper von Bernd Alois Zimmermann über das gleiche Stück vor zehn Jahren in der Staatsoper habe ich auch noch im Gefühl.

Schon 1776 ist die Welt der guten Ordnung aus den Fugen. Auch mit dem Denken der Aufklärung ist sie nicht mehr in verbindliche Formen einzufangen. Das Denken schlägt um in die mechanische Bewegung, der Gleichschritt ist längst eingeführt. Die Moral des geistlichen Beistands à la Feldprediger Eisenhardt wird zur ohnmächtigen Erkenntnis: »Eine Hure wird niemals eine Hure, wenn sie nicht dazu gemacht wird«. Am Ende bleibt die resignative Frage über den Schlachtfeldern und den Paradefeldern stehen: »Und müssen denn die zittern, die Unrecht leiden, und die allein fröhlich seyn, die Unrecht thun?«

Nein, nach Auschwitz, Hiroshima und Tschernobyl, nach Mostar und nach Pristina wird kein Engel mehr die Sieger krönen. Der Gegenwartserfahrung entspricht wohl mehr die Zerstückelung der Gesichter und der Glieder wie in der »Öffentlichen Rose« von Rolf Szymanski (1971) nebenan vor der Bezirksregierung. Auch in den Gestalten und Gesichtern der Obdachlosen ist etwas davon zu lesen, die sich morgens auf den Bänken räkelten, bis das Gartenamt den Schutz der Büsche schlug.

Ein wenig Poesie liegt in der Luft auf diesem Platz, Circus Roncalli hat, wenn er in Hannover war, die Nachbarschaft des Engels gesucht. Die wunderbare Erinnerung an Pic mit seinen verletzbaren Seifenblasen und die Clownerien des Zippo alias Bernhard Paul. »Bienchen, Bienchen, gib mir Honig«. Und der Traum von einem Himmel, den Peter Handke und Wim Wenders über Berlin geträumt haben.

Auf einer Siegessäule beginnt auch der Film »Der Himmel über Berlin«. Die Sehnsucht des Engels Daniel nach der Körperlichkeit und der Endlichkeit wie am ersten Schöpfungstag. Als »Menschwerdung des Engels« will ich die herabstürzende Viktoria auf der Waterloosäule künftig rigoros verstehen. Das Menschsein, das die Freude und das Leid umspannt und Engel braucht, die die Menschen das Mitleiden und das Staunen lehren.

Noch schnell mit dem Architekten Christian K. und seiner Frau auf das Dach der neuen Bezirksregierung, um den schönsten Blick auf den Waterlooplatz bis hin zur Marktkirche einzufangen. »Gut, dass ich nichts von Ihrer Dachbesteigung gewusst habe«, sagt der Regierungspräsident später, als ich ihm davon erzähle. Dann geht es für mich auf die letzte Strecke, quer durch das Zentrum Hannovers hin zum Steintor.

Im Landtag schaue ich nur kurz herein. Als ich die hohen Stufen steige, fällt mir ein, dass man angeblich zurzeit der Kurfürstin Sophie ihr einmal einen Elefanten ins Schloss gebracht hat. Ganz so hoch und zahlreich sind die Stufen offenbar damals nicht gewesen. Mit den Tieren hat man's auch heute.

Die Damen am Eingang empfangen mich mit der Frage, ob ich schon die Landtagsente kenne. Meine politische Witterung in Richtung Bundeskanzler oder Ministerpräsident liegt indes völlig falsch. Im winzigen Innenhof des Landtags, zwischen den Blumenbeeten und neben dem kleinen Springbrunnen, hat sich – unter offenem Himmel – eine leibhaftige Ente zum Brüten niedergelassen. Im letzten Jahr habe die Mutter vierzehn Küken aufgezogen. Jetzt sei, beringt, eine der Töchter zurückgekehrt. – Seltsam, dieser große Bau des umgebauten Schlosses mit den vielen Zimmern der Abgeordneten, den Sitzungsräumen und dem Plenarsaal liegt wie eine terra incognita in der Stadt. Obwohl ich viele Jahre mehrmals täglich an diesem Haus mit dem hohen Eingangsportal vorbeigegangen bin, habe ich nur ein einziges Mal einer Sitzung des Niedersächsischen Landtags beigewohnt. Der gegenwärtige Landtagspräsident, dessen weiträumiges Amtszimmer im ehemaligen Wintergarten der eindrucksvollste Raum des Schlosses ist, hat schon Recht mit seiner Absicht, dies Haus und seine Arbeit den Menschen näher zu bringen.

Nur um die Ecke: Die »Markthalle«, der »Bauch von Hannover«, und das vorsichtig modernisierte »Alte Rathaus«. Über beide Häuser ließen sich unendliche Geschichten erzählen und ganze Bücher schreiben.

An der Marktkirche kann ich nie vorbeigehen. Als habe sich die Gewohnheit in Sehnsucht verwandelt. Was wird mir wichtig bleiben? Die beiden Skulpturen der Marktpatrone oberhalb des Eingangs, Jürgen Weber aus Braunschweig hat sie gut und gedankenreich gestaltet, haben nicht die Faszination entwickelt, die wir uns davon erhofften. Georg und Jakobus, das kämpfende und das wandernde Gottesvolk. Mit dem Blick auf Gottes Zukunft am Tod vorbei, da schaue ich immer wieder hin. Das fleckige Grau des Sandsteins haben wir nicht dem Weiß der Skulpturen angleichen können, das tut noch immer weh.

Mit dem Portal von Gerhard Marcks geht es mir eigenartig. Monatelang schaue ich nicht einmal hin, und dann, auf einmal, bin ich gebannt. Discordia – concordia, Zwietracht –

Eintracht, das große Thema unseres Lebens. Nach dem Ungarnaufstand hat Marcks den Panzer noch schnell in den Entwurf hineingeschrieben. Diese Vereinfachung der Form, ohne platt zu werden. »Ein Optimum zwischen dem plastischen Aufwand und der visuellen Wirkung ist das Portal der Marktkirche«, sagt Siegfried Neuenhausen. »Das Umlegen von Raum in eine sparsame Reliefebene ist bewundernswert«.

Gerne lese ich auch in den Briefen dieses eindrucksvollen Künstlers. 1958, im Jahre des Einbaus der Portaltür, schreibt er: »Plastik ist eine Sache der Gewichte und Proportionen, dem Chaos des Lebens abgerungene Form«. »Was mir am meisten Angst macht ist die Frage, ob die Humanisten, die Künstler, dabei helfen werden, daß die Menschen verstehen, was es bedeutet, Mensch zu sein«.

In der Kirche ist es der überwältigende Eindruck der gotischen Halle. Du kannst dich hinsetzen und du bist geborgen. Du kannst umhergehen und bist gesprächsbereit. Der vielfältige Backstein vermittelt Wärme. »Dokumentation« war eines der Prinzipien, das dem Architekten des Wiederaufbaus, Dieter Oesterlen, vor Augen stand. Man sollte an der Kirche erkennen können, welche Zeiten sie durchgestanden hat.

Mein Auge bleibt an einem rostigen Nagel hängen, der in einem Pfeiler sitzt: Er stört nicht im Geringsten. Die tiefen Spalten der Gasleitungen lassen höchstens nach dem Ursprung fragen. Die Zeit verdampft in dieser Kirche nicht zur Zeitlosigkeit, sie wird als Zeitablauf in Vergangenheit und Gegenwart erfahrbar. Ist es dies, dass alle Gottesdienste in dieser Kirche in meiner Erinnerung so lebendig sind? Die Kirche ist wie ein Ohr, hat meine frühere Kollegin in ihrer Abschiedspredigt gesagt. Hier wird gehört. Die Menschen, die hierher kommen, übertreffen in ihrer Aufgeschlossenheit und Wärme fast alles, was ich sonst erlebte.

Einen Blick auf das große Mittelfenster im Altarraum will ich noch werfen. Die Geschichte des Hl. Georg (von unten nach oben) links, des Hl. Jacobus rechts, in der Mitte Mauritius mit der thebanischen Kohorte. Der Unterschied zwischen den (dunkleren) acht Fenstern des 19. Jahrhunderts oben und den mittelalterlichen Scheiben (um 1380) ist so offensichtlich. Der Mensch ist das alleinige Thema der jüngeren Darstellungen.

Bei dem Fenster des Andreaskreuzes ist außer dem auf das schräge Kreuz gespannten Glaubensmann nichts zu sehen. Die mittelalterlichen Scheiben demonstrieren dagegen einen fröhlichen Realismus der Gegenständlichkeit. Das Rad (in der Ambivalenz von Folterinstrument und Vollkommenheit), der Kessel des Taufsteins, die Flammen des himmlischen oder höllischen Feuers sind so wichtig wie die Menschen auf ihren Glaubens- oder Unglaubenswegen. Der Mensch definiert sich nicht aus sich selber oder aus dem, was er erfährt. Eingebaut ist er in eine große Ordnung. Eingefügt ist er in einen Kosmos des Geschaffenen.

Die Beobachtung der Welt geht mit der Beobachtung des Menschen Hand in Hand. Da wir die Selbsterforschung des Menschen ganz gut kennen, ist die größere Distanz zur Wirklichkeitserfahrung des Mittelalters die spannendere Herausforderung. Die Farbenpracht der unteren Fenster tut das ihre, um mich hier lange festzuhalten. Über den Altar von 1480 mit seinen vielen Interpretationsproblemen will ich dann lieber gar nicht reden.

Zwei kleine Abstecher schiebe ich noch ein. Der Gang zur »Galeria Kaufhof«, die früher »Galeria Horten« hieß, war lange für die kleinen Einkäufe ein nahezu tägliches Geschäft. Je seltener ich dort hinkomme, umso mehr fällt es mir auf: die Mystifikation der Ware. Als habe sich der ganze Glanz des Lebens in die Dinge, die man kaufen kann, zurückgezogen.

Ich betrete den Kaufhof vom Eingang Ecke Osterstraße/Seilwinderstraße. Da glitzern gleich am Eingang die Flakons und die Parfüms. Die Kostbarkeit der Uhren und der Ringe ist der Blickfang. In eine herrliche Welt trete ich da ein, und das alles ist potentiell erreichbar, wenn auch nicht für alle.

Die Dinge prosaischen Lebens sind eher in den Hintergrund gerückt.

Ich werde es nicht vergessen, wie ich – weit vor der Wende – mit meinem Leipziger Freund und Kollegen Johannes R. durch das Warenhaus »Horten« ging. Still wurde er und stiller. Plötzlich brach es aus ihm heraus: »Das kann doch alles nie verkauft werden! Über die Mangelgesellschaft bei uns klagen wir jeden Tag. Ab heute weiß ich, was eine Überflussgesellschaft ist. Was für den Menschen das Bessere ist, das weiß ich nicht«. Vielleicht war es auch die Dominanz des Kaufreizes, der Mythos von Erlesenheit, in den die Waren getaucht werden, was ihn störte. Eine Analyse der Psychologie und Philosophie unserer Warenhäuser könnte für die Wirklichkeitssicht des Menschen in der Großstadt viel ergeben.

Andererseits weiß ich aus vielen Gesprächen mit dem früheren Geschäftsführer von »Horten«, mit Oskar M., um den Kampf für eine Kultur des Hauses. Kein Mitarbeiter soll mit dem Gefühl einer Fehlleistung nach Hause, in seine Freizeit oder seine Familie gehen. Ohne Angst und gerne muss er zur Arbeit kommen. Selbst bei Diebstählen, die eine Entlassung unabdingbar machen, richtet sich die Verurteilung gegen die Tat, nicht gegen die Person. Wenn die Konkurrenz ein neues Haus eröffnet, ist es am besten, sich ein Sträußchen anzustecken und mitzufeiern. Wir sitzen doch alle in dem gleichen Boot. In eine Analyse der Kultur der Warenhäuser sind auch solche Dimensionen einzubeziehen. Ob sie sich weiter halten lassen, wird man sehen.

Auch die Kreuzkirche kann und will ich nicht umgehen, obgleich sie mir nie ganz vertraut geworden ist. Der Bauunternehmer Johann Duve, der offenbar geschickt Mildtätigkeit mit Selbstdarstellung und Gewinnmaximierung zu verbinden wusste (bis hin zur »Taube« auf der Wetterfahne der Kirche sei das gegangen), hat sich 1655 eine schöne barocke Grablage angebaut. Zumindest bis in die Vorhalle der Kirche kann man gelangen, um einen Gesamteindruck des Innenraumes zu gewinnen. Aber man sollte auch die Gelegenheit suchen, ganz in die Kirche hineinzukommen. Nicht nur, um den Cranach-Altar von 1537, der aus der Stiftskirche St. Alexandri in Einbeck stammt und über die Schlosskirche hierher gekommen ist, mit den düsteren Wolken über der Kreuzigung Christi und dem sich darüber aufhellenden Himmel genauestens zu studieren.

Am längsten stehe oder sitze ich vor einem schlichten Grabstein auf der linken Seite. Das Grabmal des Didericus de Rintelen, der 1321 gestorben ist, ist der älteste erhaltene Grabstein dieser Stadt. Der gestandene Ratsherr ist auf seinem Grabmal als Jüngling in der Gestalt und mit dem Gesicht seiner Auferstehung dargestellt. In Ritztechnik ist das alles ausgeführt. Vor dem schönen Kopf mit dem lockigen Haar und der anatomisch vollendeten Gestalt erfasst mich ein stilles und lange nachklingendes Entzücken.

Vor dem Gang in das Steintorviertel muss ich mich weiter menschlich aufrüsten lassen. Da steht Ludwig Z. in der Tür seiner Wohnung in der Knochenhauerstraße. Füllt die Tür völlig aus, ist breit wie ein Schrank, nein, groß und breit wie eine Tür. Seit 45 Jahren wohnt er hier. Anfangs war das eine Künstlergegend, erzählt er, die Sängerin Christa Ludwig und der Schauspieler Heinz Bennent wohnten hier im Haus. Vieles hat sich geändert. Geblieben sind die beiden Kirchtürme, die schauen wir uns an, die Kreuzkirche vorn und die Marktkirche, wunderschön über dem von Weinlaub umrankten Balkon, nach hinten raus. Frau Z. tischt Köstlichkeiten auf.

Ludwig Z. ist einer der Menschen, ohne die ein Kunstbetrieb in einer Stadt nicht funktionieren kann. Malerei und Kunstpädagogik hat er studiert. Sieben Jahre hat er in Velber im Friedrich-Verlag mit Henning Rischbieter als Herausgeber die Zeitschrift »Kunst und Unterricht« gemacht. Auf der anderen Schreibtischseite saß drei Jahre lang ein junger Mann mit langen Haaren und dicker Brille: Der Schriftsteller Botho Strauß war das. Dann Bühnenbildner. Heute Kunstkritiker, Anreger, Eröffnungsredner, Berater in allen Kunstsachen, Jurymitglied, Förderer junger Talente. Immer am Schreiben, immer am Diskutieren, in kleiner und großer Runde.

Als Kenner der Alternativszene habe ich ihn heute vor allem aufgesucht. Immerhin hat er ein Buch über die Kneipe nebenan geschrieben (»Erich – Gasthaus Honovera«), die heute auch nicht mehr ist, was sie einmal war. Ludwig Z. macht mir nicht viel Hoffnung. Das Rotlichtmilieu sei eine absolut geschlossene Gesellschaft. Bordell-, Drogen- und Mafiaszene haben sich gemischt, brutale Männer aus vielen Ländern. Gelegentlich überrascht eine weiche Seele. Harte Bandagen, hier und da dicke Gewinne, viel Aussichtslosigkeit. Die Frauen, die das schnelle Geld und ein wenig Schutz suchen? Den Kampf um einzelne Menschen als einen Kampf wie gegen Windmühlenflügel habe ich selbst oft genug erlebt.

Der langsame Gang durch das Rotlichtviertel bestätigt noch einmal alles. Ästhetischer und moralischer Niedergang gehen hier Hand in Hand. Ich will mich nicht moralisch entrüsten, aber das hier sind Triumphe der Eintönigkeit und der Erbärmlichkeit. Man spürt geradezu nach außen hin, was innen vorgehen mag und was ein Kenner der Szene so beschrieben hat: Dass da »bei verhangenem Licht und verriegelter Tür die Abwesenheit von Zärtlichkeit gekauft werden kann« (Neue Presse vom 22. 1. 98). Reitwallstraße, Scholvinstraße, Reuterstraße (mit der einen Seite): Video Show, Sex Shop, Sex World, Peep Show, Libelle mit Thai Eros, Separée, Eros Center, Cabaret, Malibu Play. Der »Grüne Kakadu« fällt aus dem Rahmen, da sind auch außen Preise angezeigt, eine Flasche Sekt kostet 150,- und Champagner 250,- DM. Das einzige Ghetto, das es in einer Stadt geben darf, ist hier. Da werde ich ganz autoritär und dirigistisch. Ein Ghetto mit festgelegten Grenzen, auch räumlich. Mit straffer Aufsicht, mit klaren Regeln. Die Leute sollen finden, was sie suchen, aber sie sollen nicht draufgehen dabei.

Aus meiner Depression muss ich mich langsam wieder herausarbeiten. Ich streiche um den Busstop von Alessandro Mendini in der Kurt-Schumacher-Straße herum mit seinen gescheckten Farben und spitzen Hüten. So schnell mit meinem Urteil fertig wie manche Kritiker bin ich nicht, und neun Busstops sind es an der Zahl. Schaue intensiv am »Anzeiger-Hochhaus« von Fritz Höger hoch, an dem man die expressionistische Architektur der zwanziger Jahre so hervorragend studieren kann und das gegenwärtig, als Keimzelle eines großen Medienzentrums, seine innere Wiedergeburt erlebt.

Meinen Vorsätzen zum Trotz gehe ich dann doch in eine Galerie hinein, in das Goseriede-Bad, in dem der Kestner-Gesellschaft so phantastische Ausstellungsräume gebaut worden sind. Eine Fotoausstellung ist gerade darin, und die Wiederbegegnung mit vertrauten Namen wie Andy Warhol oder, aus der jungen Generation, mit Thomas Struth stärkt das Selbstbewusstsein.

Dann findet die Runde durch die Innenstadt Hannovers an diesem Tag doch ein gutes Ende. Nicht eine Szene, zwei Milieus sind es, die am Steintorplatz zusammentreffen. Die Goethestraße und der Nordbereich sind fest in türkischer Hand. Vor der reichen Auswahl der türkischen Gemüseläden mit Tomaten, Bohnen, Paprikas verschiedener Farben, Weintrauben, türkischen Früchten ganz spezieller Art stehe ich ratlos, staunend. Die Moschee in der Stiftstraße will ich noch besuchen. Nichts an der Straße weist auf das hin, was sich im Hinterhof befindet. Stiftstraße 12 steht da, wer hierher kommt, der weiß, wohin er geht. Vor der Einfahrt parkt ein geschlossener Lastwagen, große Pappkartons werden verladen, die sich auf dem Hof zu Bergen stapeln. Kleiderspenden für die Kosovo-Flüchtlinge seien das, schon der dritte LKW wird auf die Reise geschickt, die Türken spenden unaufhörlich für ihre Glaubensgeschwister dort.

Ich bin nicht angemeldet, falle einfach ins Haus, aber der Vorsitzende Ergin O. und der Generalsekretär Abdullah G. empfangen mich mit offenen Armen. Orientalische Gastfreundschaft ist das, sie lassen alles stehen und liegen und nehmen sich einfach eine Stunde Zeit. Der neue Imam kommt nach kurzer Zeit hinzu. Bei einigen Gläsern türkischen Tees sind wir schnell im interreligiösen Dialog.

Was ich von einem ordentlichen Lehrfach »Islam« für die türkischen Schüler an den öffentlichen Schulen halte, will der Imam wissen. Ich sei dafür, sage ich, aber könne mir den Unterricht nur zweisprachig vorstellen. Der Koran müsse natürlich arabisch gelernt werden, aber den übrigen Unterricht könne ich mir nur – wie in den anderen Fächern auch – auf Deutsch denken. Ein weltliches Lehrfach begebe sich auch in die Pflicht zur Überprüfung und Einsichtnahme. Er kontert: Wenn ich als Christ in der Türkei leben würde, würde ich als Deutscher auf meine Sprache verzichten wollen? Ich sage: Wenn es auf Dauer und über Generationen geschieht, dann ja. Den Glauben will ich behalten, in der Sprache werde ich mich anpassen müssen, zur Zweisprachigkeit kommen, wie bei den Einwanderungswellen in den USA. Die Frage der öffentlichen Religionsausübung ist immer auch eine Integrationsproblematik, meine ich. Deutsche Muslime türkischer Herkunft wünschte ich mir auf Dauer. Der Vorsitzende hinter seinem Schreibtisch nickt. Für den Imam ist dies ein heikles Thema.

Die »Türkisch-Islamische Union der Anstalt für die Religion e.V.«, wie die Einrichtung in der Stiftstraße heißt, gehört zur DITIB, die einen halbstaatlichen Charakter hat und sich durch den Religionsattaché des türkischen Generalkonsulats vertreten sieht. Der Präsident des Amtes für Religiöse Angelegenheiten in der Türkei entsendet die Imame immer nur für drei Jahre in eine deutsche Gemeinde. Mein Gesprächspartner weiß, dass er nach kurzer Zeit wieder in die Türkei zurückgerufen wird. Sein Deutsch beschränkt sich bisher auf wenige Wörter, Abdullah G. muss unser Gespräch genauestens übersetzen. Der Imam ist so interessiert und zugewandt, wie ich es selten von seinen Kollegen erlebt habe. Er bedankt sich ausdrücklich für das Gespräch.

Dann ist die Zeit des Mittagsgebetes da, der Kalender gibt für heute den Beginn um 13.31 Uhr an. 150 Männer etwa sind in der Moschee versammelt, zum Freitagsgottesdienst sollen es über 1000 sein, die Männer stehen dann bis in den Hof hinein. Das Nachbargrundstück hat man schon dazugekauft.

Für die Frauen ist kein Platz in der Moschee, sie kommen nur zu besonderen Anlässen an diesen Ort. Schon vor dem Mittagsgebet liest der Imam vom Predigtstuhl her aus dem

Koran. Bei allen fünf Gebetszeiten macht er das, damit »sie den Klang des Korans nicht aus den Ohren verlieren«, wird er mir nachher sagen. Gelegentlich erklärt er auf Türkisch, was er arabisch liest. Sein singendes Lesen ist schön zum Anhören. Die Sure 5 ist es, die er liest, so hat er es mir vorher gesagt. »O Gläubige, fürchtet Allah und strebt nach Vereinigung mit ihm und kämpft für seine Religion, damit ihr glücklich werdet« (Vers 36).

Pünktlich beginnt das Mittagsgebet. Die Männer stellen sich in Reihen auf, mit dem persönlichen Gebet beginnt der Gottesdienst. Die Hände an die Ohren gelegt, werfen sie alles hinter sich, was sie stören könnte. Jeder betet still für sich: Steht, beugt den Rücken, fällt auf den Boden, steht wieder. Die Gruppe der Männer ist in lebhafter, uneinheitlicher Bewegung. Dann fährt der Rhythmus in sie hinein, mit dem Ruf des Vorbeters »Allah akbar« beugen alle wie auf Kommando den Rücken, fallen nieder, berühren mit der Stirn die Erde. Für einen Augenblick sehe ich nur emporgereckte Hinterteile, dann stehen alle wieder.

Beten ist ganzheitlich und ist eine Ausrichtung der Gemeinschaft, merke ich dabei. Die Männer stehen dicht beieinander, »damit der Teufel nicht dazwischen kommt«, erklärt mir nachher Abdullah G. Nach 15 Minuten geht das Gebet dem Ende zu. Der Imam betet laut ein Gebet, dann schaut ein jeder nach rechts, nach links. Ich rätsele herum. Abdullah G. wird mir erklären: Auf den Schultern sitzen unsere Schutzengel, rechts der für die guten, links der für die bösen Taten. Eine Geste des Abschiednehmens ist das: Vermehre die guten, vermindere die bösen Taten. Registriert alles. Dann greifen alle nach ihrer Gebetskette, dem Tesbih, um die Namen Allahs aufzuzählen und zu preisen.

Das Mittagsgebet ist zu Ende. Eine Lektion in Sachen Islam ist das für mich gewesen. »Würden Sie gerne in Hannover eine Moschee mit einem Minarett haben?«, frage ich den Imam, als er wieder zu mir kommt. »Es würde Hannover gut anstehen«, antwortet er. »Es kommen zu den Messen und sicher zur EXPO so viele Menschen aus arabischen Ländern. Sie fragen immer: Wo in Hannover beten eigentlich die Muslime?« Da er merkt, dass ich etwas zögere und nachdenklich schaue, sagt er lächelnd: »Ich werde in diesen drei Jahren auch so weit kommen, dass ich eine Sure auf Deutsch erkläre. Dann wird auf dem Predigtstuhl statt der türkischen die deutsche Fahne hängen.« – Der Abschied ist herzlich. »Kommen Sie bald wieder, jederzeit«. Ich werde wiederkommen, auf meinen Gängen durch die Stadt.

Der Nachmittag endet bei »Max Walloschke« in der Langen Laube 2. Auch das gibt es am Steintor: Ein gut-bürgerliches deutsches Lokal. Max Walloschke ist seit 1974 tot, aber das Lokal wird noch in 100 Jahren so heißen, meint ein Stammgast an der Theke, der seit 30 Jahren hierher kommt. Die Muslime nebenan würde grausen, wenn sie sehen könnten, was ich esse: Eisbein mit Sauerkraut und Dampfkartoffeln. Die Kultur der Verschiedenheit wollten wir ja lernen.

»Die Stadt Hannover ist sehr alt, aber nicht ganz und gar«

Das goldene Zifferblatt der Marktkirche flimmert in der Sonne. Ich kann die Zeit erst erkennen, als ich näher komme. Es ist ein schöner Herbsttag im September, und es ist zehn Minuten vor zwei. Die Innenstadt Hannovers ist voll von Menschen, die es eilig haben. Wolfgang J., der nun auch schon Landesminister ist, geht vorbei und winkt herüber. Annemarie W., lange Jahre Kirchenvorsteherin, kommt aus der Haustür am Hanns-Lilje-Platz 3 und läuft mir in die Arme. Sie habe nun schon richtig Abschied genommen von Hannover. Sie schärft mir ihre Berliner Adresse ein: Zillestraße, direkt hinter der Oper.

Es ist alles in Bewegung in dieser Stadt. Nur ein leises Bedauern schwebt darüber. Bis gestern sozusagen war die Marktkirche noch der Ort, um den sich bei mir fast alles drehte. Jetzt bin ich unversehens in dem Alter, in dem man früher die Pastoren der Marktkirche, der Kreuzkirche und der Aegidienkirche in Ölbildern verewigte.

Vor dem Vergessen hat auch das sie nicht bewahrt. Die ernsten Gestalten mit der Bibel oder dem Gesangbuch in der Hand waren die großen Fremdlinge an den Wänden unserer Räume. Die Stadt ist ein Moloch des Vergessens. Aber noch bin ich da, und der Herbsttag platzt vor Gegenwärtigkeit. Ich bin es zufrieden, wie es ist. Zeit habe ich genug zum Schauen und zum Träumen. »Einen Baum wachsen sehen«, hatte sich Graf Moltke als Pensum für seinen Ruhestand gewünscht. Auch die Jahresringe einer Stadt zu entziffern, erschließt sich erst dem langen Blick.

Eine Stadt ist ein Traum, denke ich, der von unsichtbaren Gestalten bevölkert ist. So gehe ich langsam durch die Straßen und bin unterwegs zu Verabredungen in Raum und Zeit. Hermann Löns geht einen Augenblick neben mir her und spottet vor sich hin: »Die Stadt Hannover ist sehr alt, aber nicht ganz und gar, sondern nur die Altstadt, wo die unmodischen Häuser sind« (»Aadje Ziesenis«).

Im imaginären Raum ist der Umweg die kürzeste Verbindung. So gehe ich erst einmal um die Marktkirche herum. Das Denkmal des Senior Bödeker baut sich vor mir auf. Ein entzückender kleiner Junge mit zerrissenem Hemd und bloßen Beinen schmiegt sich bittend an den großen Mann und seinen Mantel. Dieser schaut mit gewährender, wahrscheinlich auch fordernder Geste den Betrachter an. Ganz realistisch ist das alles dargestellt, mit Porträtähnlichkeit, Backenbart, Beffchen, Rock und Mantel. Dennoch eine reine Idealgestalt. Vielleicht ist der Knabe nur dazugekommen, um Bödeker möglichst groß erscheinen zu lassen, geht mir durch den Sinn.

Die bedeutungssteigernde Sakralität einer Bildhauerkunst ist schon zu spüren, wie sie in der wilhelminischen Kaiserzeit üblich wird. Eine Heilandsgestalt ist aus Bödeker geworden. Über fünfzig Jahre, von 1823 bis 1875, ist dieser Mann Pfarrer der Marktkirche gewesen. Unerdenkliche Zeiten scheint das her zu sein, das Denkmal vergrößert die Distanz. Ein »Genie im Wohltun« sei er gewesen, hat die »Gartenlaube« geschrieben. Die »größte Sehenswürdigkeit«, die diese Stadt zu bieten hat. Ich weiß auch noch anderes zu erzählen. Eitel bis zur Unerträglichkeit war er, selbstverliebt und oberflächlich. Es floss nur alles so aus ihm heraus. Mir völlig unverständlich: Predigten hat er serienmäßig im Voraus geschrieben. Ich habe vieles von dem gelesen, was er hinterlassen hat. Es war verlorene Zeit.

Dennoch: er hat das Gesicht dieser Stadt verändert wie kaum ein anderer. Die Schattenseiten dieser vor seinen Augen sich aufblähenden, von 18000 auf 235000 Einwohner explodierenden Groß- und Industriestadt hat er mitgelebt. Verwahrloste Jungen, streunende Mädchen, ledige Mütter, verschuldete Arbeiter und Handwerker gingen bei ihm aus und ein. Ganz unsentimental war er da. Mit Geld war die größte Not erst einmal gebannt. Er habe das Charisma der ehrlichen Geldentnahme aus den Taschen der Reicheren besessen, hat jemand über ihn gesagt. Das Geld wanderte in die Taschen der Armen weiter. Dazu dann soziale Gründungen noch und noch: Rettungshäuser, Erziehungsanstalten, Altenheime, Kinderklinik, Tierschutzverein, Pferdeschlachterei.

Zugleich ist er der modische, joviale Pastor der alten Ständegesellschaft, der seine Frau mit der Kutsche die dreihundert Meter vom Pfarrhaus an der Marktkirche in die Oper fährt. Der Geist des Biedermeier weht um alle Ecken. Als fürsorglicher Vater der großen Stadtfamilie hat er sich gefühlt. Allmählich hat ihn das zerrieben. Letzte Eintragungen in seinem Tagebuch: »Mein Kopf ist so confus, dass ich die Wochen- von den Monatstagen nicht zu unterscheiden weiß ...« Ein Leben, das verflackert. Davon verrät das Denkmal, das Carl Dopmeyer drei Jahre nach Bödekers Tod gestaltet hat, nichts.

Nur ein paar Schritte gehe ich weiter, und ich bin in einer anderen Welt. Jahrhunderte tragen wir in unseren Augen. Die Gestalt eines Jungen steht vor mir in der Wand, es ist das Epitaph des dreizehnjährigen Josua Wineker, der 1639 in Hameln geboren und 1652 in Hannover gestorben ist. Kleine Erwachsene sind die Kinder in jenen Zeiten alle. Sie haben viel erlebt, auch wenn die Söldner der kämpfenden und marodierenden protestantischen und katholischen Heere Hannover im Dreißigjährigen Krieg umgangen haben. Von schöner, wohlproportionierter Gestalt ist dieser Junge, mit herrlichen langen Locken, die ihm über die Schultern fallen, und eleganten Stulpenstiefeln. Und dann der lange blaue Chormantel, auf den die Schüler so wild waren, weil er sie zu kleinen Priestern machte.

So schildert es jedenfalls Karl Philipp Moritz in seinem »Anton Reiser« einhundert Jahre später. Mitglied der vierundzwanzigköpfigen, hochangesehenen Schola ist also Josua Wineker gewesen, die in der Marktkirche in den Gottesdiensten sang und die Begräbnisprozessionen mittags Punkt 12.00 Uhr zu den Friedhöfen begleitete. An der

Nordwestseite der Marktkirche, wo heute im Eckhaus die Buchhandlung sich befindet, war die Lateinschule der Stadt mit dem steinernen Aufgang und den hohen Fenstern. Die Schüler und die Lehrer konnte man im Vorbeigehen sitzen sehen, und die Sehnsucht vieler Jungen war unbeschreiblich, später selbst ein Gymnasiast zu sein. Karl Philipp Moritz hat auch dies eindrucksvoll beschrieben. Ich stelle mir vor, der kleine, früh erwachsene Josua hat mit seinem hohen Diskant die »Neuen geistlichen Lieder und Psalmen« des Marktkirchenkantors Andreas Crappius von 1594 gesungen. Vielleicht auch die Motette »Verleih uns Frieden genädiglich« des Musikerfürsten Heinrich Schütz aus Dresden, die im Jahre des Westfälischen Friedens 1648 mit den 29 Motetten der »Geistlichen Chormusik« veröffentlicht worden war.

Diese prägnante, kurze Motette, die mit den rhythmischen Verschiebungen des Anfangs und mit dem drängenden Hinlaufen zu dem, »der für uns könnte streiten«, der Not des Krieges wie der Friedenshoffnung der Menschen eine unvergleichliche Erinnerung gestiftet hat. Schütz war 1639/40 ein Jahr lang in Hannover und Hildesheim gewesen, um das Orchester des Herzogs Georg von Calenberg auf Vordermann zu bringen. Das Orgelspiel des berühmten Melchior Schildt an der Marktkirche haben sie beide gehört, von dem man noch viele Jahre später erzählte, »er habe, nachdem es ihm gefällig, spielen können, daß man lachen oder weinen müsse«.

Josua hätte, da der Stimmbruch damals sehr spät einsetzte, noch einige Jahre in der Schola weiter singen können. Eine der mit der Regelmäßigkeit von Ebbe und Flut über das Land dahingehenden Seuchen war es wahrscheinlich, die ihn so jung ins Grab gebracht hat. In seinen gebrochenen Augen ist etwas von der Melancholie des Lebens und dieser ganzen Zeit zu spüren. Es mag schon so sein, dass die unglaublichen Gräuel des 17. Jahrhunderts nur der sichtbare Ausdruck von unsichtbaren, unverarbeiteten Veränderungen waren.

Es waren die Jahrzehnte nach Galilei, die Erde war aus dem Mittelpunkt des Weltalls und die Menschen in die Unendlichkeit eines einsamen Raumes hinausbefördert. Die alten Sicherheiten waren alle ganz dahin.

Eine freundliche Anekdote soll nicht unterschlagen werden. Die Legende hat sich des Josua Wineker bemächtigt und die Geschichte von den beiden Chorknaben mit ihm verbunden. Diese Wanderlegende, die sich um viele hohe Kirchtürme rankt, hat sich auch in Hannover an die Marktkirche gehängt. Die Geschichte erzählt, wie da zwei Chorknaben hoch oben auf dem Turm der Marktkirche in den Schalllöchern außen ein Dohlennest ausnehmen und sich über die gerechte Aufteilung der ungeraden Eieranzahl nicht einigen können. Der Junge innen im Turm lässt das Brett los, auf dem der andere Junge draußen sitzt. »Ein Sturz, ein Schrei«. Der Chormantel aber bläht sich wie ein Fallschirm auf, und der Chorknabe kommt in sanftem Fluge unten an.

Josua Wineker sei dieser durch die Luft segelnde Chorknabe gewesen, behauptet die mündliche Überlieferung. Da in Hannover so wenig Geschichten aus der Vorzeit lebendig geblieben sind, will ich solchen Anekdoten alles sofort glauben. Schade, habe ich immer gedacht, dass der so wunderbar Errettete dann doch gleich wieder stirbt! Es wird zum hannoverschen Hintersinn gehören, dass ausgerechnet ein Grabstein die Geschichte bewahrten Lebens an die Nachwelt weitergibt. Immerhin mag der Sturz ins Bodenlose die geheime Verbindungslinie von dem fallenden Chorknaben zu den Erfahrungen der Zeitgenossen Josua Winekers sein. Auf einen guten Ausgang, so ermuntert die Anekdote, wird man hoffen dürfen.

Die nächsten Schritte überspringen, wie im Zeitraffer, wieder mehr als zweihundert Jahre. Vor dem Kreuzigungsbild aus dem Ende des 14. Jahrhunderts bleibe ich lange stehen. Es ist eine der schönsten Skulpturen, die man aus dieser Zeit in Hannover sehen kann, und ich fürchte ihre langsame Verwitterung. Ein ausgemergelter Christus hängt am Kreuz, die Rippen sind alle einzeln mit Deutlichkeit zu sehen. Der Kopf ist geneigt, das Erlösungswerk ist vollbracht. Links unter dem Kreuz steht Maria mit übergroßem Heiligenschein in verhaltener Trauer. Man spürt die Verehrung, die diese Frau umgibt. Auf der anderen Seite des Kreuzbalkens ein nicht mehr ganz junger Jünger Johannes, der mit geneigtem Kopf aufschaut, zu Maria hinüber und zu Jesus hinauf. Mit dem Latein ist es in Hannover – trotz Lateinschule – nicht weit her. »O mater dei . o mementi mei«, heißt es im Spruchband der Maria, wo es korrekt »momento mei« heißen müsste. »O Mutter Gottes, gedenke meiner!« Lesen und verstehen konnte es damals sowieso nur eine Hand voll Leute.

Mich beschäftigt die Entzifferung der Lebenswirklichkeiten, die durch die Zeitrisse der sechshundert Jahre nur noch undeutlich vernehmbar sind. Das Relief war wahrscheinlich, wie eine alte Zeichnung zeigt, neben dem Eingangsportal der Marktkirche angebracht. Glanz und Elend des Lebens in einer damals noch jungen Provinzstadt am hohen Ufer der Leine hat diese Kreuzigung gesehen. Den Prunk der Reichen und Vornehmen bei ihrem Kirchgang, die zerrissene Dürftigkeit der Armen. Das Elend überwog.

1350 ist die Pest in Hannover angekommen, von den 4000 Einwohnern sterben – wenn man den Zahlen trauen darf – 3000 Menschen. Der »schwarze Tod« lehrt die Menschen die Verzweiflung und das Grauen. Die Haut verfärbt sich und springt auf, der ganze Mensch ist nur noch Gestank und Fäulnis. Das Läuten der Sterbeglocke nimmt kein Ende. Zu Bergen sind auf dem Friedhof neben der Marktkirche, eben hier auf dieser Seite, die Leichen aufgeschichtet, bis sie mit dem Pestkarren abgefahren werden. Hungerepidemien, die jeweils mehrere Jahre dauern, gehen durch das ganze Land.

Um 1400 ist die Einwohnerzahl von Hannover geringer, als sie es um 1300 war. Dennoch ist dies ein Jahrhundert der geistigen und vitalen Kreativität. Das 14. Jahrhundert ist wahrscheinlich überhaupt das kreativste Jahrhundert dieser Stadt gewesen. In diesen Jahren des erschütterten Lebens wachsen alle vier Kirchen über die geduckten Häuser dieser Stadt weit hinauf. Die Kreuzkirche wird 1333 geweiht, St. Aegidien 1347. Sünte Jürgen, die Kirche am Markt, ist wahrscheinlich um 1350 fertig, auch wenn man an dem

Turm noch lange baut und eigentlich niemals fertig wird. An der Minoritenkirche dort unten im Kloster an der Leine schafft man das ganze Jahrhundert lang. Die Glasfenster der Marktkirche lassen etwas von den farbigen Konturen dieses Lebens ahnen. Es ist wie ein Aufbäumen vor dem Untergang, wie die trotzige Behauptung der unendlichen Bedeutung des Menschen und des Lebens mitten in der Apokalypse dieser Zeit.

Vitalität und Kreativität des Menschen sind ein Geheimnis, denke ich vor dieser Skulptur der Kreuzigung Jesu. Ich spüre etwas von der Unerschütterlichkeit einer Kraft. Ich stelle mir vor, die Menschen des Mittelalters haben in einer ungebrochenen Unmittelbarkeit auf eine solche Skulptur wie in einen Spiegel geschaut. Es wird ihnen ergangen sein wie dem Kleinkind mit dem Spiegel. Man sieht zunächst ein Bild und hält es für ein reales Gegenüber. Magische Kraft erhält ein solches Bild: man kann mit ihm reden, es um Hilfe bitten. Dann begreift man langsam, eben wie das Kind vor dem Spiegel, dass es sich um ein »Bild« handelt, und schließlich entdeckt man das eigene Spiegelbild darin.

Als ein »Schwellenphänomen zum Imaginären« hat Umberto Eco die Spiegelbilder bezeichnet. Die Begegnung mit solchen Bildern setzt die eigenen, bisher unvereinigten Kräfte langsam zusammen und bringt sie auf ein Neues, überaus wirkungsvolles Niveau. Die imaginäre Beherrschung der Welt geht der realen Beherrschung der Welt immer ein ganzes Stück weit voraus.

Wie in einen Spiegel haben offenbar die Menschen des 14. Jahrhunderts in die Bilder der Kreuzigung Jesu geschaut. Sie haben darin ihr eigenes Leid und ihren eigenen Untergang gesehen, aber auch die Überwindung von Leid und Tod durch Kreuz und Auferstehung. Beides haben sie für sich selber als die Gestalt ihres Lebens akzeptiert. Die Dynamik ihres Lebens ist offenbar die Kraft der Vereinigung mit der Heilsgeschichte Jesu gewesen. Ich kann das alles nur erahnen, spüre die Grenzen meines Verstehens und die Fremdheit dieser fernen, anonymen Welt.

Aber auf einmal begegnet mir jemand so, als ob er gerade um die Ecke biegt. Im altertümlichen Predigermantel zwar, aber in der breiten Gegenwärtigkeit seiner voluminösen Person. Ich bin einige Schritte weiter geschlendert, die Autos brausen jetzt dicht an mir vorbei. Vorne an der Ch010raußenwand, direkt an der Schmiedestraße, ist das Epitaph eines meiner Amtsvorgänger aus dem Dreißigjährigen Krieg angebracht. Heinrich Heise heißt er, war Superintendent in Burgdorf und ist dort vor den kaiserlichen Truppen geflohen. 1627 kam er an die Marktkirche und war dort Pfarrer 16 Jahre lang. War – wie die lange lateinische Inschrift sagt – »der beste Gatte seiner Ehefrau Anna Reiche, der mit ihr acht Kinder zeugte, entschlief am 4. Januar 1643 gegen drei Uhr nachmittags im Alter von 44 Jahren sanft in Christus«.

Das Sterben ist ein wichtiger Augenblick in dieser Zeit, ist ein Hinübergehen in die Ewigkeit, die Sterbestunde fehlt fast nie, und in den Lebensläufen mancher Leichenpredigten umfasst die Schilderung der letzten Tage und Stunden fast zehn Seiten. Mir fällt auf, dass auch dieser Pastor, wie so viele andere in jener Zeit, um drei Uhr nachmittags, zur Sterbestunde Jesu, heimgegangen ist. Die Darstellung Heinrich Heises ist kein großes Kunstwerk: ein unförmiger Mantel und ein kleiner Kopf. Es ist, als verberge sich der Mann auch noch im Bild. So verwittert er denn ganz äußerlich vor sich hin. Über dem Stein die schöne Inschrift: »Des zeitlichen Lebens Ausgang ist des ewigen Anfang«.

Aber dieser Mann interessiert mich eigentlich auch nicht sehr. Der Mann, der unübersehbar breitbeinig neben ihm vor mir steht, ist sein Kollege. Drei Jahre vor Heise ist er gestorben, allerdings im damals hohen Alter von 69 Jahren. Berge von Leichenpredigten, die er gehalten hat, habe ich im Lesesaal der Landesbibliothek an der Waterloostraße durchstudiert. David Meier in Person. Sein Grabstein ist leider nicht erhalten, die Bombennächte des Jahres 1943 haben ihn zerstört.

Ungleich qualitätvoller, wie Abbildungen zeigen, muss er gewesen sein. Ein schmaler Kopf mit hoher Stirn und scharfem, kantigem Profil. Das Haar ist schon licht geworden, aber der Bart über dem Wagenrad der Halskrause ist noch dicht. Eine kräftige, nicht sehr große, sichere Gestalt. Elegant hält die rechte Hand ein Paar Handschuhe, und die linke bringt das Kunststück fertig, ein Buch mit einem Krucifix zusammen festzuhalten. In langen Streifen fällt der Predigermantel an dem Mann herunter. Seitlich blickt er aus tief liegenden Augen an mir vorbei. Noch zu Lebzeiten David Meiers ist die Grabplatte offenbar entstanden. Man merkt es daran, dass man vergessen hatte, die Jahre der Amtszeit einzutragen, als er gestorben war. Kriegszeit war es, man hatte andere Sorgen.

Immer wieder ist mir in den vergangenen Jahren David Meier, wenn auch nur wie von ferne, über den Weg gekommen. »De grote David«, die zweitgrößte Glocke im jetzt elfstimmigen Geläut der Marktkirche, hat er mit 600 Talern gestiftet. Beim Vorläuten eine halbe Stunde vor dem Gottesdienst, an den Weihnachtsfeiertagen, den Sonntagen nach Ostern, am Totensonntag und manchmal auch bei den Abendgottesdiensten, hält sie mit ihrem tiefen a den Bass im Geläut. Die »Bibliotheca S. Crucis« hat er 1599 eingerichtet und sich mit einem Aufruf an die Öffentlichkeit gewandt, diese öffentliche Bibliothek mit Spenden und Stiftungen zu unterstützen. »Das hatte solchen Erfolg, dass durch Schenkung ein ansehnlicher Schatz von Büchern zusammenkam, der dem literarisch Interessierten mit größtem Entzücken zum Betrachten und Benutzen gezeigt werden kann« heißt es 1724 in einer kleinen Druckschrift. 1851 fiel diese auf 1500 Titel angewachsene Einrichtung an unsere Stadtbibliothek.

Kostbare Bücher sind darunter, wie die »Niederdeutsche Bibel« von 1494 aus Lübeck, die »Cosmographey oder Beschreibung Aller Länder, Herrschafften und fürnehmsten Städte« des Sebastian Münster von 1544 oder das »Fasciculus Temporum« des Werner Rolevinck, gedruckt in Venedig 1484, *das* Lehrbuch der Geschichte von der Erschaffung der Welt bis zurzeit des Verfassers, mit vielen schönen Städteansichten und Illustrationen zu biblischen Themen. Detlef S., Diplom-Bibliothekar der Stadtbibliothek, führt mich hinunter in den Schauraum der Ratsbibliothek und holt mir zwei der wertvollsten Inkunabeln heraus. Erstaunlich, wie die Modelle und Holzschnitte des »Fasciculus« bei der Erschaffung der Welt schon der Kugelform der Erde angenähert sind. Natürlich ist hier wie beim Riesen-Folio-Band der »Niederdeutschen Bibel« mit der Kreuzkirchensignatur 35 Gott in Person, im Kreis der Engel, ganz naiv bei der Erschaffung der Erde und des Menschen dargestellt.

Natur-, Geschichtswissenschaft und Theologie waren da noch eins. Und in der »Niederdeutschen Bibel« fangen wir beide sofort zu lesen an: »In dem anbeghinne der tyd heft god ghescapen van nychte hemel vnde erden«. – Auch wenn die Mehrzahl der Bücher gestiftet ist: ein vermögender Mann muss David Meier gewesen sein, vielleicht auch nur ein sparsamer. Auf jeden Fall ein grundgebildeter und an allen Wissenschaften interessierter Pfarrer. Jetzt, auf meinen Gängen durch Hannovers Innenstadt, will ich es endlich genauer wissen. So schnell wird er mich nicht wieder los.

Ein gebürtiger Hannoveraner ist David Meier gewesen, einer der wenigen Marktkirchenprediger, die nach der Einführung der Reformation aus der Stadt selber stammen. Auch darin wollte man sich vom Mittelalter unterscheiden, dass man sich die Pfarrer von weither holte. Rupertus Erythropilus ist 1556 im Kölnischen geboren, Johann Nicolaus Horst 1601 in Blomberg, Laurentius Hagemann 1692 in Wolfenbüttel, Johann Adolf Schlegel 1721 in Meißen, Hermann Wilhelm Bödeker 1799 in Osnabrück. Musikalisch muss der 1572 zur Welt gekommene David Meier gewesen sein, denn seine erste Amtszeit verbringt er als Kantor in Braunschweig an St. Martini. 1599 wird er in seine Heimatstadt zurückgeholt, ist Pastor an der Kreuzkirche und ab 1609 an der Marktkirche zu Hause. Im Oktober 1640 ist er dort »an einem Beinleiden«, wie es heißt, gestorben.

Aber ich will meine Sensationslust offen zugeben: Auf David Meier hat mich zu allererst neugierig gemacht die Affäre mit seiner Frau. »Mordversuch im Pfarrhaus«, hätten heutige Boulevardblätter die Geschichte überschrieben. David Meier habe eine »böse Frau« gehabt, berichtet Daniel Eberhard Baring in seiner »Hannöverischen Kirchen- und Schul-Historia« von 1748. Dahinter verbirgt sich ein dramatischer Vorfall. 1599, also wohl kurz nach seinem Amtsantritt an der Kreuzkirche, hatte David Meier eine Ilsa Riemenschneider geheiratet. Sehr zanksüchtig sei sie gewesen, sie habe sich mit der Frau des zweiten Predigers – die ganze Geschichte spielt wohl noch in der Kreuzkirchenzeit – nicht vertragen können. Der Nachbarhahn, der ihren Hahn gebissen hatte, bot die Veranlassung, eine Mauer zwischen den Gärten der beiden Pfarrhäuser hochzuziehen. Eines Nachts nun habe Ilsa Meier versucht, mit einem Messer ihrem Mann die Kehle durchzuschneiden. Dem Mann kam im Schlaf vor, als ob ihn jemand anstieße und spräche: »Wache auf!« Er schlug mit den Händen um sich, die Frau ließ das Messer fallen, flüchtete.

»Der Beweggrund ist nie laut geworden«, schreibt Karl Scheibe 1909 in seinem Buch über die Marktkirche in Hannover. Audiatur et altera pars: Man hätte natürlich gerne auch die Version der Frau gehört. David Meier jedenfalls ließ sich daraufhin scheiden, für einen Pfarrer damals ein einmaliger Vorgang, und hat auch nicht wieder geheiratet. Auf seinem Grabstein sind Ehe und Kinder nicht erwähnt.

Aber ich bin ins Plaudern gekommen und bin mit David Meier doch noch mitten im Gespräch. Die freundliche Mahnung von Ludwig Wittgenstein bei der Begegnung zweier Philosophen: »Nehmen Sie sich Zeit!«, gilt ja vielleicht auch bei der Begegnung zweier Theologen. Tagelang kann ich den Predigten von David Meier zuhören. Vor allem Beerdigungspredigten sind gedruckt erhalten, wie das im langsam heraufziehenden Barockzeitalter üblich wird.

Die »Leichenpredigt« bei der Beerdigung seines Marktkirchenkollegen Magister Rupertus Erythropilus hat er 1626 gehalten; sieben Jahre später hat er dessen Witwe, die »Ehren Tugentsame Matronem« Frau Margarethae Falckenrichin neben ihrem Mann zur letzten Ruhe im Chor der Marktkirche begleitet. Beerdigungspredigten bei Begräbnissen von Patriziern der Stadt Hannover sind nachzulesen wie bei der Bestattung von Caspar von Wintheimb 1613, Curt von Wintheimb 1624, Metta Prallen 1628, der Ehefrau von Georg Volger, oder bei der Grablegung von Joachim von Anderten 1619, der Bischöflich-Mindenscher Stifts-Rath war, aus Hannover stammte und in seinen letzten Jahren wieder in Hannover wohnte. Eineinhalb Stunden müssen diese Predigten, einschließlich Lebenslauf, nach meiner groben Seitenschätzung gedauert haben. Quer durch die Bibel und die Kirchengeschichte wird man mit unendlich vielen Zitaten, manchmal auch in lateinischer Sprache, gejagt.

Nüchtern und präzise sind diese Predigten, aber durchaus mitfühlend. Nicht von dem emotionalen Überschwang, der schon bei Meiers Nachfolger Ludolph Walter einsetzt und diesen bei der Beerdigung des Kollegen Heinrich Heise in ekstatische Anrufungen ausbrechen lässt: »O ihr christlichen Praedicanten, o ihr frommen christlichen Regenten, o ihr frommen gottseligen Herzen«. David Meier redet kräftig und deutlich, aber er bleibt auf dem Teppich. Zwei Dinge fesseln mich besonders: Das eine macht ihn mir sympathisch, und in dem Anderen ist er mir fern.

Ein kluger Beobachter der menschlichen Seele und des alltäglichen Lebens ist dieser Prediger. Bei der Beerdigung von Rupert Erythropel will er in der Gemeinde die Dankbarkeit für diesen, gerade auch in den schweren Pestzeiten treuen Seelsorger und »fürtrefflichen« Theologen wecken. »In gemein ist Undanckbarkeit und Vergessenheit empfangener Wolthaten ein uber auß schändliches unfletiges Laster«, schimpft der Prediger, und parallelisiert die »Danckbarkeit« mit der »Denckbarkeit«.

Bernhard von Clairvaux zitiert er mit seinem Wort, dass die Undankbarkeit eine schreckliche Feindin der Seelen sei. Umso häufiger ist die Undankbarkeit gegenüber Predigern, da diese auch das »Straffambt« üben müssten und oft unbequem seien. »Einen reinen fleissigen treweyferigen (treueifrigen) Prediger sol man alß ein grosses Geschenk und Gabe Gottes halten... Von den Bäumen kann man sie warlich nicht abschütteln, sondern man muss sie von Gott demüthig erbitten«. – Ich muss mich richtig bremsen, nicht seitenlang die originellen Beobachtungen und Redewendungen David Meiers zu zitieren, ob er nun von den Kindern als den »Ehepflänzchen« redet oder von dem »seligen Abtritstündlein«, das Gott uns allen schenken möge. Dieser Prediger hat, wie Luther, den Leuten aufs Maul geschaut und hat sicherlich so geredet, dass sie ihn gut verstanden haben.

Aber auch die Fremdheit dieser Umbruchzeit springt mich aus den Predigten von David Meier ganz unvermittelt an. 1624 ist einer seiner Nachbarn und »guter Prediger Freundt«, Curt von Wintheimb gestorben, der in dem schönsten der vier Patrizierhäuser auf der Westseite des Marktplatzes lebte. Curt von Wintheim ist nicht an einer normalen Krankheit gestorben. »Jüngsthin, den 14. Septembris, da er ebenst sein Gebet deß morgens verrichtet, ist jhn die gifftige Pest angefallen, ... hefftig, wie ein lewen«.

Das gibt David Meier in seiner Beerdigungspredigt Veranlassung, nach den Ursachen der Pest zu suchen, und da blickt er hinauf in den Himmel. Der gestirnte Himmel, so schön er ist, gießt auch auf die Menschen allerlei Plagen herab: »durch böse Aspecten, da oft viel böser Sterne zusammende leuchten, vergiften die Lufft und menschlich Geblüthe«. Die »morbi astrali« nennen dies die Mediziner: Epilepsie, giftige Pest und viele andere Krankheiten kommen daher. Das Sternbild des Löwen mit seinen 27 Sternen, »die alle hitziger und truckener Natur seyn«, untersucht er sogar im Einzelnen.

Mit der Sünde der Menschen hat das alles natürlich zu tun, und Gott benutzt den Himmel und die Sterne deshalb auch als eine »Zorn Ruhte«. Am Ende findet David Meier dann doch wieder zu der evangelischen, der tröstlichen Perspektive: nicht den natürlichen Himmel anzusehen, sondern auf Gott und dessen Gnade zu schauen und zu bauen.

Der sensationellste Durchbruch zur Neuzeit geschah in der Astronomie, hat der Physiker und Philosoph Carl Friedrich von Weizsäcker gemeint. Nikolaus Kopernikus, Tycho Brahe, Johannes Kepler, Galileo Galilei: Das waren die großen Namen der Zeit. 1543 veröffentlichte Kopernikus sein

Buch »De revolutionibus orbium coelestium«. Das »kopernikanische System«, nach dem die Sonne in der Mitte ruht und die Erde sich in doppelter Bewegung, 24-stündig um die eigene Achse und einmal jährlich um die Sonne dreht: All das war nicht mehr aus der Welt zu schaffen. Kepler entdeckte, dass Tycho Brahes Beobachtungen und Berechnungen der Umlaufbahnen der Planeten nur Sinn machten, wenn diese nicht kreisförmig, sondern elliptisch sind. Anbetung des Schöpfers durch das Medium der Mathematik, das war für ihn die Astronomie.

Die Begründung der Mechanik mit Fallgesetzen, Beschleunigungs- und Trägheitsgesetzen, die dann auch auf die Bewegungen der Himmelskörper anwendbar waren, und eine brillante Verteidigung des kopernikanischen Systems: Das war die Leistung Galileis. 1615 hatte er seinen ersten, 1633 seinen zweiten Inquisitionsprozess in Rom. Nach außen hin widerrief er, nach innen hin blieb er unerschüttert. »Und sie bewegt sich doch«, hat die Legende ihm in den Mund gelegt. David Meier hat von diesen ganzen Revolutionen auf der Erde wie am Himmel noch nicht allzu viel mitvollzogen. Die Erde ist für ihn nach wie vor die ruhende Scheibe, und die Bewegungen sind am Himmel. Aber das leidenschaftliche Interesse an der Astronomie, das ihn mit vielen seiner Zeitgenossen verbindet, macht deutlich, dass sie alle wussten oder ahnten, woher die umstürzenden Entdeckungen und Entwicklungen kommen würden.

Und ich bin fest davon überzeugt, dass die weithin sichtbaren geometrischen Figuren am Turm der Marktkirche nicht aus der Erbauungszeit der Kirche und des Turms, sondern aus der Zeit des frühen 17. Jahrhunderts stammen. 1606 sind sie wohl, bei einer grundlegenden Instandsetzung des Turms, bei der auch die große Uhr am Turm eingebaut wurde (mit zwei Zifferblättern, nach Norden und nach Süden), an ihren Ort gekommen. Im Osten, in der Richtung des Altars und der Auferstehung Christi: das Pentagramm, der Drudenfuß. Auf der Spitze steht der Drudenfuß sogar. Apotropäische Bedeutung hat offenbar ein solches Zeichen: die Abwehr des Bösen, das aus vielen Himmelsrichtungen auf die Erde niederstürzt, ist angesagt. Im Westen und Norden des Turmes, als Einrahmung der ursprünglichen Uhr, das Sechseck, der spätere Judenstern. Als Zeichen der mystischen Vereinigung der himmlischen Welt (Trinität) mit der ganzen Erde in der Menschwerdung Christi ist das wohl zu sehen. Fast schockierend ist es, wie in Zeiten, in denen Menschen neu an die verborgenen Einflüsse der Himmelskörper auf das menschliche Schicksal glauben, die Zeichen der Abwehr zu Zeichen der Beschwörung werden. Da ruft mich eine Frau in meinem Dienstzimmer der Marktkirche an. Sie sei gerade in der Kirche gewesen, habe sich so belastet und depressiv gefühlt und auch im Gebet keine Ruhe finden können. Dann habe sie draußen voll Entsetzen den Drudenfuß am Turm erblickt. »Das ist das Zeichen des Bösen!«, ruft sie mit bebender Stimme aus. Nie wieder werde sie die Marktkirche betreten!

Da erzählt mir ein anderer: Rudolf Steiner, der Begründer der Anthroposophie, habe – vom Bahnhof kommend – von weitem den Drudenfuß am Marktkirchenturm erblickt, habe auf der Stelle kehrtgemacht und habe mit dem nächsten Zug Hannover fluchtartig verlassen. David Meier hätte das alles wohl anders, ich vermute auch: besser zu erklären gewusst.

Ich schaue auf meine Uhr. Eine gute Stunde bin ich erst unterwegs und habe schon Jahrhunderte durchschritten. Das Rätsel der Wanderungen des menschlichen Geistes in der Zeit. Vom Turm der Marktkirche schlägt es drei Uhr. Viermal der Viertelstundenschlag, hell – dunkel, in schneller Folge, und dann die Stundenglocke von 1654 mit ihrem tiefen Ton. Dieser scheppernde Uhrenschlag, den ich 18 Jahre lang von morgens bis abends gehört habe und den ich in seiner Klangwirkung sofort in mir reproduzieren kann, selbst wenn ich fern von Hannover bin.

Mir wird bewusst, dass die ständige Verfügbarkeit der Zeit auch in diesen Jahrzehnten des David Meier und Heinrich Heise, des Josua Wineker und des Melchior Schildt beginnt. Damals macht man die Zeit durch die großen Uhren an den Kirchtürmen weithin sichtbar und holt sie dann von den Kirchtürmen herunter durch die Entwicklung der Taschenuhren. Sicher gab es schon seit Jahrhunderten Räderuhren. Eines der ältesten Exemplare in Deutschland, aus der Zeit um 1300, ist im Historischen Museum anzuschauen. Aber sie waren, wie die in Hannover, im wesentlichen Türmeruhren und dazu bestimmt, als akustische Zeitansage die Glokken anzuschlagen oder den Nachtwächter auf die Rundreise zu schicken mit seinem »Hört, ihr Herren, und lasst euch sagen ...« Das öffentliche Leben begann mit der Morgendämmerung und endete mit dem Untergang der Sonne.

Glocken geben von Zeit zu Zeit an, was die Stunde »geschlagen« hat. Wenn man Glück hatte, schien die Sonne, und man konnte am Stand der Sonne oder an den Sonnenuhren oder an den kleinen Stäben in der rechten oder linken Hand ablesen, wie man zeitlich »dran« war. Man muss die Zeit ganz elementar von innen her erfühlt haben, stelle ich mir vor. Ist ihr wahrscheinlich auch in ganz anderer Weise ausgeliefert gewesen. Die ständige Verfügbarkeit der Zeit, in der wir heute leben, ist ja wohl auch eine einzige Illusion. Die Zeit ist Geschenk und nicht Besitz.

Ich stehe vor den beiden Sonnenuhren der Marktkirche, an der Südseite, hin zum Alten Rathaus. Auf der anderen Seite war mit dem Friedhof die Ewigkeit, hier war – mit dem munteren Treiben des Marktes – die zugemessene Zeit. Es sind die beiden ältesten Uhren von Hannover. Die eine springt, sorgfältig restauriert, sofort ins Auge. Am östlichsten Langschiffpfeiler ist sie angebracht, und die goldene Zahl 1555 ist weit zu sehen. Hans Bünting hat sie entworfen, die Buchstaben H und B, getrennt durch sein Meisterzeichen, weisen darauf hin. Der Bildhauer Arnd Siemerding – auch das ist mit Initialen angedeutet – hat ihr die sichtbare Gestalt gegeben.

Die zweite Sonnenuhr, links an dem nächsten Pfeiler neben dem Südeingang, ist – obwohl fast in Augenhöhe angebracht – gegenwärtig kaum zu sehen. Es ist die ältere der beiden Sonnenuhren. In einem geschwungenen eingemeißelten Halbkreis sind radiale Teilungsflächen eingelassen. Der eingemauerte graue Sandsteinblock legt nahe, dass die Uhr beim Bau der Marktkirche um 1350 dort angebracht worden ist. Sie konnte vernachlässigt werden, als die neue Uhr im 16. Jahrhundert gefertigt wurde.

Der Grund für die Notwendigkeit einer neuen Sonnenuhr liegt offenbar im Fortschritt der astronomischen Erkenntnisse. Claus Wiedeburg hat 1983 seine Dissertation über »Öffentliche Uhren im Stadtbild, am Beispiel der Innenstadt Hannovers« geschrieben. Was ich immer schon vermutete, hat sich mir beim Lesen dieser Arbeit rundherum bestätigt: dass der Bau von Sonnenuhren eine eigene Wissenschaft ist und meine physikalischen und astronomischen Kenntnisse weit überschreitet.

Was ich begriffen habe, ist dies: dass der Baumeister der alten Uhr in der Materie nicht sehr bewandert war. Gleichmäßige Segmente hat er angebracht, ohne zu bedenken, dass der Schatten des Zeigerstabes je nach dem Höhenwinkel der Sonne die Segmente vergrößert oder verkleinert. Diese Sonnenuhr war also von Anfang an sehr ungenau. Hans Bünting war auf der Höhe der astronomischen Berechnungen seiner Zeit und baute eine »abweichende Vertikaluhr« mit schrägem Anzeigestab und unterschiedlich breiten Segmenten.

Hans Bünting hat sicherlich nicht geahnt, dass er mit dieser Sonnenuhr einen Schwanengesang auf eine zu Ende gehende Epoche und Zeiterfahrung anstimmte. Sie ist nicht mehr lange nach ihrer Entstehung im Mittelpunkt der allgemeinen Aufmerksamkeit gewesen. Die Ewigkeit verschwand am Horizont, und die Zeit drängte sich dem Menschen in ganz anderer Weise auf. Im Bewusstsein der messbaren, der zerhackten und immer schneller verrinnenden Zeit wird der »Augenblick« als Erfahrung von gesteigerter, erfüllter Zeit wichtig.

Bald werden Barockdichter wie Andreas Gryphius und Angelus Silesius auftreten mit ihrem »Der Augenblick ist mein«. Und die Romantiker, und mit ihnen die im Pfarrhaus an der Marktkirche geborenen August Wilhelm und Friedrich Schlegel, werden die Intensität der Begegnung als Verdichtung von Sein und Zeit in einem Schnittpunkt preisen

(Müßiggang als »das einzige Fragment von Gottähnlichkeit, das uns noch aus dem Paradies blieb«: Friedrich Schlegel in seiner ›Lucinde‹). So verneige ich mich ehrfurchtsvoll vor den beiden Sonnenuhren als vor den Zeugen einer vergangenen Welt, die mir doch noch ihre Botschaft weitergibt: Zeit bestimmt sich von woanders her und kann Unglück, aber kann in allem und über allem Gnade sein.

Damit bin ich fast bei Martin Luther. Fast, sage ich. Denn jedes Denkmal eines Menschen hat seine eigene Geschichte, seine eigene Aussage und seine eigene Gestalt. Das Denkmal Martin Luthers ist in die Südwestecke der Marktkirche gerückt. Ein Überrest ist es nur noch eines großen Reformationspanoramas. Luther stand auf einem weit höheren Sockel, zu seinen Füßen saßen die ebenfalls überlebensgroßen Gestalten von Herzogin Elisabeth und Herzog Ernst der Bekenner. Ein Relief beschrieb die Szene der Einführung der Reformation in Hannover auf diesem Marktplatz; ein weiträumiges, kunstvoll gestaltetes Gitter umgab die gewaltige Skulpturengruppe, die fast die Hälfte der Südseite der Marktkirche einnahm.

Was übrig geblieben ist, genügt. Die massige Gestalt Luthers, ein gewaltiger Fuß zertritt die Bannbulle, die linke Hand hält die Bibel und die rechte ist zum Schwur erhoben. »Hier stehe ich, ich kann nicht anders«. Die Geste mag auch an die Einführung der Reformation in Hannover und den Schwur des Dietrich Arnsborg und der Männer der »Meinheit« erinnern, beim Evangelium zu bleiben und dafür »Leben und Gut« einzusetzen. Der Kopf ist ein geschöntes Altersgesicht, nach einem Flugblatt von Lucas Cranach dem Jüngeren von 1546 gestaltet. Hochexpressiv ist dies Denkmal und erweckt immer wieder das Bedürfnis, Luther von dieser pathetischen Geste zu erlösen. Die Bierflasche oder die Coca-Cola-Dose in der emporgereckten Hand erneuert sich fast von selbst.

Hans-Dieter Schmid hat in verschiedenen Aufsätzen die Reformationsfeiern von 1883 und die Entstehung des Lutherdenkmals beschrieben. Das ist eine unglaubliche Geschichte: Wie es gelingt, den 400sten Geburtstag Martin

Luthers zu einem nationalen Großereignis zu machen, das auch in Hannover drei Tage lang gefeiert wird. Luther wird zu der über den Parteien und Konfessionen stehenden Integrationsfigur des nationalliberalen Bürgertums. In dem von 8000 bis 9000 Personen gebildeten Festzug (nur Männer, die Frauen und Kinder schauen zu!) marschieren ganze Firmenbelegschaften mit den Produkten ihrer Arbeit mit. Bei der Abschlusskundgebung auf dem Klagesmarkt ist die Christuskirche in rotes, bengalisches Licht getaucht, und die bronzierte Gipsstatue Luthers leuchtet im Schein der Fakkeln wie eine Sonne aus Gas. Luther wird als der »Inbegriff der Tugenden eines deutschen Mannes« gepriesen.

Auch in dem Denkmalskomitee, das sich nach dem Jubiläum bildet und die Erinnerung an dieses große Ereignis festhalten will, haben die Nationalliberalen das Sagen. Die gegen die Welfenpartei und das Zentrum gerichtete Instrumentalisierung Luthers wird immer deutlicher (möglicherweise ist der Tritt Luthers auf die Bannbulle ein Tritt gegen den – nicht mit Namen genannten – politischen Katholizismus).

Auch künstlerische Einwände können das Projekt, das wiederum Carl Dopmeyer anvertraut ist, nicht stoppen. Sein hannoverscher Künstlerkollege Hermann Schaper, nach dessen Entwürfen gerade die Marktkirche ausgemalt worden ist und der bald die Mosaiken des Aachener Münsters und der Fürstenhalle in der Kaiser-Wilhelm-Gedächtniskirche Berlin gestalten wird, nimmt Dopmeyer – zusammen mit Carl Schuchardt, dem Direktor des Kestner-Museums – voll ins Visier. Dopmeyer habe »seine Stärke in genrehaften, munteren Darstellungen«, wie sein Bödeker-Denkmal und der Gutenbergbrunnen zeigen. Ernst und Größe lägen ihm nicht. »Künstlerische Mittelmäßigkeit«, so tönt es von vielen Seiten. Aber das Projekt wird unverändert durchgezogen, und an Luthers Geburtstag, am 10. November 1900, wird das Denkmal eingeweiht. Dopmeyer ist inzwischen gestorben und Stadtdirektor Tramm preist Luther als *das* nationale Vorbild für Geistes- und Gewissensfreiheit.

Nicht nur Bücher haben ihre Geschichte. Bei der Betrachtung dieses Denkmals vermittelt sich mir mehr von der deutschen Geschichte des 19. Jahrhunderts als von Luther selbst. So heldenhaft, so national ist mir der Reformator nie erschienen. Interessant ist das alles, aber eine Verneigung legt sich mir nicht nahe.

Noch einmal um die Marktkirche streifen und anschließend den Turm besteigen. Das ist dann auch genug. Der Blick von der Köbelingerstraße, von der Raths-Apotheke: der Blick, den die Künstler und die Fotografen lieben. Die gelungene Proportion zwischen der Waagerechten des fünfjochigen Kirchenschiffes und der Senkrechten des fünfgeschossigen Turmes kommt wunderschön heraus. Der kleine Turmaufsatz: »die Bauleuthe seind müde und im Säckel kranck worden«, wie die Isingsche Chronik von 1740 sehr plastisch schreibt. Domenico Quaglio hat in seinem berühmten Ölgemälde von 1834, das im Historischen Museum hängt, diesen Ausschnitt gewählt und hat mit Planwagen und Zelten, mit stehenden und lagernden Gruppen das südländische Flair seiner Heimat in die norddeutsche Stadt gezaubert.

Den entgegengesetzten Blickwinkel, von der Ecke Kramerstraße/Knochenhauerstraße aus, hat Rudolf Wiegmann gewählt. Wiegmann, der nur zwei Jahre, 1834 und 1835, in Hannover war, hier nicht Fuß fassen konnte und nach Düsseldorf ging, hat nach meinem Eindruck die lebendigsten Lithografien und Zeichnungen aus dieser Zeit hinterlassen. Bei uns zu Hause hängt im Flur ein stimmungsvolles Interieur der Marktkirche: Eine Frau sitzt mit einem Kind in der Bank, ein alter Mann steht auf seinen Stock gestützt, der Prediger geht auf die Kanzel zu und von den Fenstern des Südschiffes fallen helle Lichtreflexe auf die Säulen.

Das Außenbild erfasst die Kirche nur zu Teilen, aber das wuchtige Gemäuer steht in einem reizvollen Kontrast zu dem Gewimmel der vielen Menschen auf dem Markt. Das ist mein Lieblingsweg geworden. Vom Historischen Museum und Leibnizhaus durch die Kramerstraße auf die Marktkirche zu. Die Kirche ist durch die Häuser verdeckt und der Turm steht schlank darüber. Die winzige Raffinesse: die Kramerstraße geht nicht direkt auf das Hauptportal zu, ist ein klein wenig seitwärts versetzt. Dann weichen die Häuser zurück und du stehst vor der vollen Masse des Westwerks und des Turms. Das Rätsel der Größe. Ich komme mir klein vor, aber ich werde nicht erdrückt. Stein türmt sich auf Stein, und alles ist lebendig. Du merkst vor diesem Turm, dass die Welt so schnell nicht untergehen wird.

In Wolfsburg erzählt mir Volkmar K., der frühere Staatssekretär, er sei in Hannover dabei gewesen, als nach dem Bombenangriff 1943 der Turmaufbau der Marktkirche herunterstürzte. Die Leute standen in weitem Umkreis, weinten und sagten: Jetzt wird Hannover untergehen. Auch ein Stück Hybris wie beim Turmbau zu Babel ist in solchen Türmen drin. Es ist die leise resignative Stimmung, wie in der Parabel Franz Kafkas vom »Stadtwappen«, die Alfred Koerppen zur Eröffnung des Neubaus der Hochschule für Musik und Theater 1973 komponiert hat: dass man den Mut der Menschen bestaunt, einen solchen Turm zu bauen, aber zugleich weiß, dass ein solch großer Gedanke nie zu Ende gedacht und vollendet werden kann.

So bleibt der Wunsch, dem Turm in seiner durchsichtigen Eindrücklichkeit so nahe zu sein, wie es nur geht. In alle anliegenden Häuser gehen und aus den obersten Stockwerken, vom Saal des Hanns-Lilje-Hauses etwa, schauen. Am schönsten der Schritt aus der Wohnung des Landtagspräsidenten über dem Café an der Marktkirche, in der jetzt Doris und Reinhard S. wohnen, hinaus auf den Balkon. Du bist dem Turm so nahe, dass du meinst, ein Teil davon zu sein. Zugleich so fern, dass du nur noch aus Bewunderung bestehst und schaust und schaust.

Die Tür zum Turm an der Nordseite der Marktkirche ist klein. Sie ist nicht einmal abzuschließen, schlägt einfach hinter mir zu. Wie in einem engen Schneckengehäuse steigt man die ersten 92 Stufen hoch. Die Zeit scheint zurückzubleiben, es ist das Eintauchen in eine andere Welt. Kunstvoll abgesetzte Backsteinfriese oben. Die Stufen sind mehrfach erneuert, aber auch die Zementplatten sind schon ausgetreten. Mit wie vielen Menschen bin ich hier schon hochgegangen. Mit unseren früheren Küstern: unvergessen Werner F. mit seinen herrlich frechen Kommentaren. »Die sind alle gehörgeschädigt«, behauptete er von den Tauben und Falken oben im Turm. Gerhard S. mit seinem historischen Interesse. Nie habe ich den Aufstieg allein riskieren wollen, und so gehen unsere gegenwärtigen Küster, Johann W. und Olaf R., ein Siebenbürge und ein Berliner, mit mir hinauf. Mit Journalistengruppen und Teilnehmern von Glockenseminaren, mit Sohn und Schwiegertochter und mit vielen Freunden bin ich die Treppen hinaufgestiegen. Seltsam, wie das alles wieder da ist in diesem Augenblick.

Dann ist die enge Spirale zu Ende und wir stehen in einem großen, hohen Raum. Von hier aus ist eine Eisentreppe an die Außenmauern geradezu angeklebt, Schwindel lerregend sieht das aus. Der Backstein ist schwarz lasiert, wie eine Fackel muss der Turm gebrannt haben damals im Krieg. Wir gehen links durch eine Eisentür auf den Dachboden der Kirche hinüber. Einer der großartigsten Räume, die es in Hannover gibt, liegt vor unseren Augen. Die dreimal fünf Kuppeln der Marktkirche stehen mit ihren Rundungen nach oben heraus.

Die Erfindung des Architekten Dieter Oesterlen, die aus Fertigbeton hergestellten Kreuzrippen, sind deutlich zu erkennen. Parallel zu den Kuppelreihen, und dazwischen sind Laufstege angebracht. Das steile Dach schießt geradezu in die Höhe. Und darunter Holz- und Stahlpfeiler und ein Kreuzgerüst von mächtigen Balken ohnegleichen. Wie auf einer Werft sieht das aus, als sei das gebaute Schiff gerade ausgelaufen. »Ein Schiff, das sich Gemeinde nennt«. Eine zweite Kirche hätte hier noch einmal Platz. Und mir geht durch den Kopf, als Impuls für Zeiten, die kommen werden: Dieser Raum muss nutzbar gemacht werden! Eine Spielfläche, eine Sitzfläche könnte eingebaut werden, man könnte in dieser zerklüfteten Kulisse Theater spielen, das den weit gewordenen Weg zu Gott beschreibt. »Warten auf Godot« von Samuel Beckett könnte man hier spielen. An solchen Orten tritt das Kosmische, der Bau der Welt heraus, und es ist, als habe das Mittelalter schon Räume gebaut, die unsere Fragen tragen.

Dann geht es die Eisentreppe hinauf. »Nicht hinunterschauen«, mahnen die Küster. Ich bin schwindelfrei, aber kenne den »horror vacui«. Die Faszination der Höhe, die Menschen auf die Aussichtstürme treibt, um einen Überblick zu gewinnen, hat für mich seine deutliche Ambivalenz. Ich sehe mich auf dem Turm des Straßburger Münsters einen Pfeiler eng umklammern, um nicht der Versuchung zu unterliegen, mich in die Tiefe stürzen zu müssen. Der Sog des leeren Raumes hängt wohl mit dem menschlichen Größenwahn zusammen, die Luft würde ihn, gerade ihn, wie auf Flügeln tragen, und er würde – wie Josua Wineker einst – sicher und wohlbehalten unten landen. Zugleich ist das Wissen da, dass dem nicht so ist. Und ich weiß, ich werde auch diesmal begeistert, aber auch angstvoll oben stehen, werde mich festhalten und jeden zurückscheuchen, der sich zu lange aus den Luken beugt.

Einen ersten Zwischenboden haben wir erreicht, und dies ist der Glockenstuhl. Elf Glocken hängen da in vier Reihen nebeneinander, und es ist eines der größten und schönsten Geläute in ganz Deutschland. Drei Glocken hat die Marktkirche vor dem Krieg gehabt. Rudolf Wolckenhaar, der erste Stadtsuperintendent nach dem Krieg, hat eine nach der anderen dazugekauft und am Ende die große Friedensglocke in der Heidelberger Glockenwerkstatt Schilling gießen lassen. Da hängt sie rechts mit ihren 40 Zentnern, die noch einmal wieder gegossen werden musste, da sie beim Einläuten Weihnachten 1959 riss (e°). Links hinten hängt der »grote David«, die zweitgrößte Glocke des Ensembles, gegossen 1650 von Ludolph Siegfried, Hannover – also 10 Jahre nach David Meiers Tod (a°). Die Abendglocke mit dem Lobgesang der Maria (»Meine Seele erhebt den Herrn«) (h°) und die etwas höhere Morgenglocke mit dem Lobgesang des Zacharias (»Gelobt sei der Herr, der Gott Israels«) (e'). Die Mittagsglocke und die Taufglocke gibt es, fast jeder Sonntag und fast jeder Gottesdienst hat sein besonderes Geläut.

Ununterscheidbar ist das für uns im Lärm des Lebens in der Großstadt geworden. Glocken seien »kollektives Gebet«, hat Ernst Jünger in seinen »Strahlungen« geschrieben, und so hat es Rudolf Wolckenhaar wohl auch gemeint. Gelegentlich ergreift es mich noch ganz, wenn am Karfreitag und am Bußtag die schwere Friedensglocke mit ihrem erschütternd einsamen Klang die Luft über der Innenstadt ins Schwingen bringt. Bei einem Glockenseminar habe ich alle elf Glocken zusammen läuten lassen, und werde, mit 60 Personen auf der langen Eisentreppe stehend, von der Angst erfasst, der Turm werde unter den Schwingungen der Glocken zusammenbrechen oder jemand von Panik überfallen werden. Ich habe das Experiment auch nie mehr wiederholt. Ein Stück Stellvertretung ist in dem allen drin. Die Glocken reden, aber wir hören oder verstehen sie nicht mehr.

Nur wenige Stufen hinauf sind es bis zu einer zweiten Zwischendecke, und da ist die Türmerstube mit dem großen Uhrwerk für die drei Zifferblätter. Kahl ist der Raum, er wird früher wohnlich gewesen sein. Hier war der Raum der Türmer und der Nachtwächter, die städtische Angestellte waren. Das Ausbrechen von Feuer hatten sie zu melden, das Herannahen von mehr als drei Reitern anzublasen. Wer sogar das Herannahen der Kavalkade eines Herzogs übersah, wie es Zacharias Sternebarg 1602 geschah, hatte mit Amtsenthebung und Schlimmerem zu rechnen. Morgens, mittags und abends, zeitweise auch stündlich, wurde ein Choral gespielt. Abends wurde der Türmer von einem der Nachtwächter abgelöst, die nachts zu jeder Stunde auf den Glockenschlag zu blasen und die Nachtwächter unten in der Stadt anzuleiten hatten, die in zwei Schichten zu je sechs Leuten durch die Quartiere patrouillierten, zur halben Stunde die Zeit ausriefen und zur vollen Stunde bliesen. Bei Bränden hängte der Türmer eine Fahne auf der Seite des Turms heraus, auf der das Feuer ausgebrochen war, und rief mit einem Sprachrohr den genauen Ort hinunter.

Eine makabre Aufgabe hatte der Marktkirchentürmer bei Gerichtsverfahren mit Todesstrafe, der Blutgerichtsbarkeit, die in der Gerichtslaube neben dem Rathaus abgehalten wurden. Aus der Zeit um 1730 ist dies so beschrieben: Wenn der Gerichtsvorsitzende, meist der erste Bürgermeister, das Todesurteil hatte verlesen lassen, brach er den Stab und verkündete: »Das Urteil ist gesprochen, der Stab ist gebrochen; hier ist keine Gnade mehr, bei Gott ist Gnade«. Worauf der Gerichtsdiener mit dem Taschentuch dem Türmer ein Zeichen gab, und dieser neunmal auf die Feuerglocke schlug. Dumpf dröhnten die Schläge über die Stadt hinweg und verkündeten allen, dass das Todesurteil gesprochen war (so Oskar Ulrich in seinem Buch über Bürgermeister Grupen). – Friedrich Schwarze hieß der letzte Turmwächter, bis 1907 hat er in dieser Stube Dienst getan. Im letzten Krieg war hier die Leitstelle der Flugabwehr untergebracht; ich hätte das Inferno, das über Hannover hereinbrach, nicht hier in der Stadt, aber vor allem nicht hier oben auf dem Turm der Marktkirche erleben wollen.

Dann sind es nur noch einhundert Stufen. Olaf R. und Johann W. stemmen die schwere Falltür hoch, und wir stehen auf der Plattform, die das Innere des kleinen Holzaufsatzes bildet, der von Stahlträgern gehalten wird. Die Luken werden aufgestoßen, eine frische Brise weht uns um die Ohren, bei Sturm wird es hier nicht auszuhalten sein. Das leise Schwanken des Turmes meine ich zu spüren. Die Schalenglocken des Uhrwerks sind hier oben, der Halbstundenschlag fährt uns in die Glieder. Der weite Blick nach allen Seiten.

Das Historische Museum liegt da wie ein Landeplatz, die Leine ist fast nicht zu sehen, nur das Wehr kommt schön heraus. Das unterschiedliche Ausmaß der Kriegszerstörungen kann man noch gut erahnen: die Flachdächer der 50er-Jahre lassen die Innenstadt weiß erscheinen, erst in den Vorstädten (unter Einschluss des Kreuzkirchenviertels) fangen die roten Dächer an. Der Verkehr auf den Straßen erscheint von oben fern und gering. Langsam gewöhnt sich das Auge an die Distanz, der Turmbesteiger wird zum Voyeur. Wir verfolgen einzelne Personen, die auf dem Treppengang der U-Bahnstation Markthalle wie in einem Höllenschlund verschwinden, entdecken auf der Schmiedestraße einen Verkehrsrowdy, der Fußgänger auf dem Zebrastreifen schneidet.

Der schönste Ausblick ist im Süden: die Kuppel des Neuen Rathauses leuchtet dunkelgrün in der Abendsonne, und der

Maschsee geht bis zum Horizont. Einen halben Meter höher als den Turm der Marktkirche hat Stadtdirektor Tramm die Kuppel des Rathauses bauen lassen, 97,73 gegen 97,26 Meter. Städtisches Selbstbewusstsein setzt sich durch.

Mir fällt ein, dass ich einmal diese Höhe überstiegen habe. Eine traumatische Erinnerung ist dies, die Hände werden noch heute schweißnass, wenn ich davon erzähle. Es ist das Jahr 1984. Der Turm ist eingeschalt von unten bis oben hin, er bekommt ein neues Kupferdach. Da ist eines Tages der Hahn vom Turm der Marktkirche verschwunden. Brutal abgebrochen sind Flügel und Hals von dem Kugelbauch, mitten am Tag müssen Männer, vielleicht in Arbeiterkluft, über das Gerüst hinaufgestiegen sein. Wie sie den sperrigen, immerhin 110 cm langen Hahn heruntergeschafft haben, bleibt ein Rätsel, die ganze Sache ist bis heute nicht aufgeklärt.

Die Empörung in Hannover ist groß, die Spendenbereitschaft für einen neuen, nach den alten Entwürfen angefertigten Hahn ebenfalls. Ich muss sogar Spenden abwehren. Die Restaurantkette »Wienerwald« will den neuen Hahn sponsern, und ich versuche klarzumachen: Der Hahn auf den Kirchtürmen ist kein kulinarisches, er ist ein eschatologisches Symbol. Der Hahn kündigt mit seinem Krähen den neuen Tag an, noch ehe er zu sehen ist. So ist die Kirche die Verkünderin von Gottes neuer Welt, die im Anbruch, von der aber oft nur wenig zu erspüren ist.

Dann ist der 26. September 1984 da. Mit einem Hubschrauber wird der neue Hahn herangeflogen und soll von oben her aufgesetzt und angelötet werden. Als Pastor der Marktkirche, meine ich, müsste ich dabei sein, mit Gebet und Segen diesen Prediger der neuen Welt begrüßen. So mache ich mich an den Aufstieg. Bis zur Türmerstube geht es innen hoch und dann hinaus auf das Gerüst. Zunächst ist das kein Problem, das Gerüst ist mit Tarnnetzen abgesichert. Aber dann hören die Netze auf und Leitern stehen frei in den offenen Raum hinein. Eine Leiter hoch, und dann schließt sich die nächste Leiter im rechten Winkel an. Blitzschnell durchfährt es mich: Wenn du von oben kommst, wirst du

100 Meter schreckliche Tiefe vor dir haben. Die Kurve wirst du niemals kriegen, nie mehr herunterkommen wirst du. Dann stehe ich irgendwo dort oben, klammere mich irgendwo an, der Hubschrauber kommt herangeflogen mit dem Hahn, ich bekomme kein Wort heraus, die Männer um mich herum legen los mit ihrer Arbeit. Nach einer Weile kann ich ihnen sagen, wie es mir geht. Die Bauarbeiter und Architekten nehmen mich in ihre Mitte, selten habe ich Solidarität so körpernah gespürt. Irgendwie bin ich hinuntergekommen, ich weiß nicht wie, habe keine einzige Erinnerung mehr.

Lange her ist das alles, aber es ist Teil meines Lebensgefühls geworden. Die Faszination der Höhe und der Schrecken der Tiefe gehen Hand in Hand. Die 355 Stufen nach unten sind jetzt schnell geschafft, die Tür fällt hinter uns ins Schloss. Die Leute draußen schauen mich an, als sei nichts gewesen.

»Wo so still die Leine fluthet«

Johann Heinrich Ramberg muss die Leine geliebt haben. Von ihm stammen die schönsten Hannover-Panoramen, und fast immer sind es Stiche, die Hannover als Stadtsilhouette eher andeuten als zeigen und den Blick auf den Vordergrund mit einer Leine-Szenerie lenken. Er hat ein untrügliches Gefühl für die richtige Zuordnung von Distanz und Nähe. Eine »kolorierte Umrisszeichnung« greife ich heraus, sie hängt im Historischen Museum.

Um das Jahr 1800 fertigt Ramberg einen Stich an, der Hannover von Nordwesten zeigt. Der Standort des Betrachters ist etwa dort, wo heute die Gerhard-Uhlhorn-Kirche in Linden steht. Links fließt die Leine, der Blick ist flussaufwärts auf Hannover gerichtet. In der Mitte ist hinten die Marktkirche zu sehen, links St. Crucis, rechts die Neustädter St. Johannis-Kirche, auch das massive Clevertor hebt sich heraus. Die charakteristische Stadtsilhouette bietet den lokalisierenden Horizont für eine kleine Geschichte, die dicht vor unseren Augen spielt.

Ein Frachtkahn ist gerade, wahrscheinlich aus Bremen, angekommen. Der Kapitän wirft vorne am Bug den Anker aus, ein Schiffsmann holt die Segel ein. Zwei Jungen blicken neugierig und spitzbübisch aus der Luke auf das, was sich an Land abspielt. Ein Liebespaar hat sich am Ufer hingestreckt. Er ist in Werther-Kleidung, blaues Wams und gelbe Beinkleider, das sagt alles. Das Mädchen reicht ihm kokett die rechte Hand hin, die er ergreift. Verschämt schaut sie zur Seite und nach unten, wie es der Anstand gebietet. Ein anderes Mädchen, vielleicht die Freundin, beschäftigt die zwei Kinder, die sie ausführen. In der Mitte des Bildes steigen Kühe, weiße und rote, in die Leine, um zu saufen. Ein großes weißes Rind schaut dem ausgelassenen Treiben der Kinder zu. Es ist alles versammelt auf diesem Bild, was bürgerliches Leben in einer Landstadt ausmacht: Handel, Viehwirtschaft, Familie. Die Schäferszene gibt dem Alltag seinen Glanz. Der Fluss, die Leine, hält das Leben in dieser Stadt zusammen.

Es ist still geworden um den Fluss, an dem Hannover liegt. »Wo so still die Leine fluthet durch Hannovers Fluren hin«, hat Hermann Klencke 1834 in seinem schwülstigen Heldenepos auf den Kampf der Dänen gegen die Truppen Tillys im Dreißigjährigen Krieg gedichtet. Die Naturidylle war damals als Gegensatz zum Kriegsgetümmel gemeint.

Heute ist die Stille, die die Leine umgibt, am Rande des Vergessens und Übersehens angesiedelt. Vielleicht bestimmt die Größe des Flusses den Rang der Stadt, und da beginnt man sich zu schämen. Köln mit dem Dom am Rhein, Berlin als Spree-Athen, Dresden als Elb-Florenz, das klingt doch anders. Für eine Metapher ist der Fluss noch gut. Hannover als die Stadt, in der die Männer »an der Leine« liegen. »Hochwasser an der Leine« heißt es, wenn die Mode die kurzen Hosen propagiert. Der »Löwe von der Leine« stellt sich dann schon selbst ein Bein.

Vielleicht aber ist auch das Vergessen ein Verdrängen, geht mir durch den Kopf. Schreckliche Dinge sind an diesem Fluss passiert. Der »Werwolf von der Leine« Fritz Haarmann, hat die Überreste von mindestens 24 Jünglingen in den Fluss geworfen. Hysterie brach aus, als Kinder Arme und Beine beim Spielen an der Leine fanden. »Warte, warte nur ein Weilchen, bald kommt Haarmann auch zu dir«. Lang ist das noch nicht her, 1924 war das Jahr. 230 Jahre früher verschwand die Leiche des Grafen Königsmarck in der Leine, auch das ist nicht vergessen. Die Mörder erhielten Geld aus der Staatsschatulle. Ja, sogar »Hanebuts Gang« soll an der Promenade zwischen dem Hohen Ufer und der Leine hinter einer Eisentür zu finden sein. Dieser 1653 geräderte Raubmörder, typisches Verrohungsprodukt des großen Konfessionskrieges, hat wohl kaum die Durchgänge unter der Stadtmauer aufgesucht. Aber die schreckhaften Erinnerungen finden ihren Ort. Wo sind neben den Todesgeschichten an der Leine die Lebensgeschichten geblieben, frage ich mich. Bilder von der Art, wie sie einst Johann Heinrich Ramberg schuf?

Ich besuche den Präsidenten der Wasser- und Schifffahrtsdirektion Mitte, in der ehemaligen Kaserne der Garde-Grenadiere am Waterlooplatz. »Hannover hat die Chancen der Urbanität eines Lebens am Wasser nie genutzt«, sagt er. Dem Wasser abgewandt, hat sich die Stadt entwickelt. Tiefe anthropologische und weltanschauliche Entsprechungen gibt es: Das Fließen des Wassers wird zum Signal für die Veränderbarkeit der Geschichte in der Zeit. Panta rhei, alles ist im Fluss, sagten schon die Griechen. Nicht mit der Erfindung des Rades fangen Mobilität und Handel an. Das Wasser kann man befahren: Das sind die Wege, noch ehe es Straßen gibt. Bis in die Experimente der modernen Physik reicht dieser Blick. Nicht wie ein Uhrwerk, eher wie ein Fluss ist die Einheit von Wirklichkeit zu begreifen. Von ihrer Konsistenz sind nur bestimmte Wellen wahrnehmbar.

Ein historisch interessierter Mitarbeiter bringt mir reiches Material ins Haus. Ich lese mich darin fest. An der Kreuzung zweier, in Nord-Süd-Richtung laufender Straßen sei die Stadt Hannover entstanden, sagt die populäre Literatur. Im 11. Jahrhundert taucht der Name Hannover auf. Aber die Leine floss da schon seit 10000 bis 12000 Jahren, und die seriöse Geschichtsschreibung, die weiß darum. Die Vorgeschichtsforschung und die Schiffsbauarchäologie erzählen interessante Einzelheiten. Die ersten Bootsfahrer auf der Leine waren Rentierjäger.

Das letzte Jahrtausend der Eiszeit war es, zwischen 9000 und 8000 vor Christus, und eine tundraartige Landschaft war ihr karger Lebensraum. Offene Fellboote waren es wahrscheinlich, von denen aus man das Rentier beim Schwimmen erreichen konnte. In der mittleren Steinzeit (um 8000 v. Chr.) wird das Klima wärmer, die heutige Waldvegetation stellt sich ein, Hirsche, Rehe und Wildschweine sind in den Wäldern. An den Flüssen wird, neben dem Fischen der Lachse und dem Fangen der Wasservögel, der Biber gejagt. Die Jungsteinzeit (um 5000 v. Chr.) ist offensichtlich die Zeit der »Coracles«: Leichte, ovale Fellboote, in denen Saatgut und tönerne Vorratsgefäße über weite Entfernungen transportiert werden können. Auch der Handel mit dem Salz aus Salzderhelden an der Leine und aus anderen Orten setzt voll ein. Flotten dieser Schiffe sind sicher an dem hohen Ufer, an dem später Hannover liegen würde, vorbeigefahren. Holzboote, Fähren und Floße werden gebaut, die die ersten vierrädrigen Wagen über die Flüsse transportieren (um 3000 v. Chr.), der Fernhandel mit Metallen setzt ein (2000 v. Chr.: der »mondförmige Goldhalskragen« aus Irland, der bei Schulenburg an der Leine, südlich von Hannover, gefunden wird).

Mit der Eisenzeit (um 700 v. Chr.) tauchen die Ufermärkte auf, die dem Tauschhandel dienen und in der Römerzeit (ab 50 v. Chr.) durch die bis weit in die Oberläufe der Flüsse fahrenden römischen und germanischen Handelsschiffe erweitert werden. Aus den Ufermärkten werden Handelsstädte, und so wird auch die Siedlung am hohen Ufer der Leine, die dann den Namen Hannover tragen wird, entstanden sein.

Dann aber setzen zwei Entwicklungen ein, die die Schifffahrt auf den Oberläufen der Weser-Nebenflüsse ganz zum Erliegen bringen und den Handelsverkehr auf der Leine am Ende nur noch bis Hannover laufen lassen. Die Gründung der Hanse führt im 12. Jahrhundert zu einer starken Ausweitung des Handels und zu einem Anwachsen der Schiffsgrößen, die damit nicht mehr auf den kleineren Flüssen fahren können. Bremen wird Umschlagplatz zwischen Binnenschifffahrt und Seeschifffahrt; in Bremen werden die Überseegüter auf kleinere Schiffe umgeladen. Auf Treidelpfaden, mit Menschen- oder mit Pferdekraft, werden die voll beladenen Frachtschiffe oftmals flussaufwärts gezogen.

Die andere Entwicklung ist gravierender: Der wachsende Energiebedarf des hohen und späten Mittelalters legt die Flüsse für die Schifffahrt langsam lahm. Mühlen, später Wasserwerke werden zu unüberwindbaren Hindernissen.

Anfangs hilft man sich mit im Strom verankerten schwimmenden Wassermühlen, wie bei dem Einbaum von Mandelsloh aus dem 13./14. Jahrhundert. Diese Mühlen können umfahren werden. Aber da auch die Straßen und die Fuhrwerke besser werden, geht dann ab Hannover gar nichts mehr. Allenfalls das Flößen von Holz aus dem Harz und aus dem Solling spielt noch eine Rolle.

Der Streit um die Zölle und um die Zollrechte tut ein Übriges; vom 16. bis in die Mitte des 18. Jahrhunderts kommt auch die Schifffahrt zwischen Bremen und Hannover fast ganz zum Erliegen. Bürgermeister Christian Ulrich Grupen ist einer der wenigen Männer gewesen, die sich um die Wasserseite Hannovers gekümmert haben. 1737/38 wird der »Schnelle Graben« zur Ableitung der Leine bei Hochwasser in die Ohe gebaut. 1740 wird die Schifffahrt leineabwärts wieder eröffnet. Über eine lange Zeit hinweg werden jährlich 60 000 Zentner Fracht nach Bremen transportiert. Die Zeit der Stadtpanoramen Rambergs fällt also in die Blütezeit der Leineschifffahrt. Seit der Mitte des 19. Jahrhunderts ist das alles ganz vorbei. 1912 wird eine Motorbootverbindung zwischen der Papageienbrücke (heute in der Nähe des mittleren Maschsees) und dem Döhrener Maschpark eingerichtet; sie wird bald wieder eingestellt. »Wo so still die Leine fluthet ...« Ausbaufähig ist die Erforschung dieser Vorgeschichte.

An der »Bähre« beginnt mein Weg zu Fuß an der Leine entlang. Über das kleine Türmchen am Westufer der Leine in der Nähe der Culemannstraße, am Friedrichswall, habe ich mir lange den Kopf zerbrochen. Der Rest einer Barriere zwischen dem Hauptarm der Leine und dem früheren Stadtgraben soll es sein. Eine 20 Meter lange schräge Ufermauer mit Steinquadern. Das achteckige Türmchen mit Stadtwappen und Bauinschriften zeigt verschiedene Hochwassermarken. 1588 war ein solches Hochwasser und 1783. Das gewaltige Hochwasser von 1946, als die ganze Innenstadt unter Wasser stand und ganze Archive, wie im Landeskirchenamt, im Wasser verdarben, ist nicht mehr verzeichnet. Das jährliche Hochwasser bei der Schneeschmelze, wenn bei Döhren die Straßen unter Wasser stehen und eine

Seenkette sich bis hin nach Neustadt bildet, ist normalerweise der einzige Anlass, bei dem man noch von der Leine Notiz nimmt in der Öffentlichkeit. Deshalb will ich darüber auch nicht weiter reden. Im Bereich des Friederikenplatzes bin ich übrigens in dem Areal, in dem man die Leine mehr und mehr zugebaut hat. Die »Klickmühle« stand hier seit 1226 an der Stelle, an der die Leine von Süden die Stadt Hannover erreichte.

Eine »Brückmühle« kam bald hinzu. 1897 wird an der Stelle der abgebrochenen Klickmühle der gewaltige, nahezu schlossartige Neorenaissance-Bau der Wasserkunst von Hubert Stier gebaut. Der hätte mir gut gefallen an dieser Stelle, die Fotografien mit dem 35 Meter hohen Turm schaue ich gerne an. 1963 ist die Wasserkunst abgebrochen worden; den Zweck, die Stadt mit Leitungswasser aus der Leine zu versorgen, hatten andere Systeme übernommen. Mit der kühlen Gestaltung der jetzigen Wasserkunst durch Dieter Oesterlen habe ich mich nie ganz anfreunden können.

Die fünf Flussgötterköpfe, die drei Männer mit den langen Bärten und die zwei Frauen, schauen hinter mir her, und der Satyrkopf an der Seite zieht sein schiefes Gesicht. Die Leine rast dahin nach dem Wasserfall, die Verengung auf 10 Meter an der Schlossstraße erhöht noch die Geschwindigkeit. Danach wird der Lauf des Wassers gemächlich, verliert die Hektik des Sturzes und des Drucks. Eine Weile sitze ich draußen »bei Mario« unter den alten Bäumen, esse die übliche Pizza Napoli. Die Leine ist zu sehen und zu spüren, aber der unmittelbare Kontakt zum Wasser fehlt mir von hier oben. Die Rademachertreppe und der entsprechende Gang eine Etage tiefer: Das ist eine Erinnerung an die alte Rademacherstraße auf der Insel zwischen den beiden Leinearmen, die nach dem letzten Weltkrieg verschwunden ist. Ein Umschlag ins Gegenteil hat stattgefunden.

Wo früher die Fülle der morbiden Häuser war, hat sich heute die Leere ausgebreitet, die fast noch bedrohlicher wirkt. An deren hohen Steinwänden haben die Graffiti-Künstler die geheimnisvollen Zeichen einer unsichtbaren Präsenz hinterlassen. Sonst ärgert mich das furchtbar; aber hier ist dadurch wenigstens ein kleines Stück Leben drin. »Durch ist durch«, kann ich entziffern: Signale triumphieren über den Sinn, und mit »Bosna« ist die schwungvolle Kalligraphie auch noch aktualisiert.

Beim Flohmarkt am Sonnabend erlebe ich pralles, urbanes Leben an der Leine. Da geht das Zentrum dieser Stadt auf Wanderung. Heute ist hier wieder die Hinterhof-Atmosphäre der Abgeschiedenheit. Die zusammengepressten Ballen der Leine-Entrümpelungsaktion von Janos Nadasdy aus den Jahren 1980, 1987 und 1990 sind ein trauriges Denkmal des Geistes der Verachtung, der die Flussregion zerstört hat. Ein Künstler ist ein manchmal verzweifelter Kämpfer gegen den Geist der Zeit, das ist ein eigenes Kapitel.

Jetzt hat die Stadtverwaltung das Thema aufgegriffen. Im Rahmen des Projekts »Stadt als Garten« soll die Leine »als ein erlebbares, stadtprägendes Element von Süden und Norden bis an die Innenstadt herangeführt« und von einem »uferbegleitenden, die Uferseiten wechselnden Weg« aus erfahrbarer werden. Bis zur Dreyerstraße, auch über die neue Fußgängerbrücke, kann ich schon laufen; da ist dann noch die Pforte zu. Das Projekt hat sich gegenüber der Planung in der Fertigstellung schon verzögert, und das Ganze lässt eine stimmungsvolle Atmosphäre noch vermissen. Ein Umdenken der Hannoveraner auf breiter Linie müsste eigentlich erfolgen. Mir begegnet auf mehreren Gängen niemand, der tieferes Interesse zeigt. Eine Gartenbaufirma aus der Altmark pflanzt Schilf und andere Wasserpflanzen an.

Ich will die Umgebung noch einen Augenblick durchstreifen. Am Holzmarkt mit dem Leibnizhaus und dem Historischen Museum beginnt die Burgstraße. Die älteste Straße Hannovers ist zu einer Straße im Abseits geworden, und nur der Platz am Ballhof bringt noch etwas Leben mit hinein. Die Nord-Süd-Achse der Straßen im alten Hannover ist sicher auf die Fern- und Handelsstraßen nach Hamburg/Bremen und nach Frankfurt/Nürnberg gezielt gewesen. Ihren Ursprung hat sie in der Ausrichtung des Leinelaufes und der sie parallel begleitenden Straße. Was unsere

Städte geprägt hat, ist unsichtbar geworden. Hier und da sind für das aufmerksame Auge einzelne Signale da. So gehe ich in den Hinterhof der Burgstraße 10 geradezu zwanghaft immer wieder einmal hinein. Die Enge und Morbidität der Altstadt des früheren Hannover ist in den krummen, von frommen Sprüchen getragenen Balken der beiden Häuser handgreiflich zu erleben.

Die andere Seite der Leine, das Westufer, stellt die Weltläufigkeit in den breiten Raum hinein. Nicht der fließende Verkehr auf dem Leibniz-Ufer, die standfeste und spielerische Kunst macht die Musik. Die Nanas der Niki de Saint Phalle, kühn auf einem Bein balancierend, geben die Tonart an. Der Galerist Robert S. von der Kö 24 ist einer derer, die mit Ausdauer und Phantasie den freien Raum zu einem Ort der unerwarteten und herausfordernden Begegnungen machen. Die Kunstmeile, vom Friederikenkreisel bis zum Königsworther Platz, ist sein Projekt. Fast parallel zur Leine läuft sie, mal auf der einen, dann auf der anderen Seite, hebt sie heraus aus der Beliebigkeit.

Die Skulptur von Kenneth Snelson »Avenue K« von 1970 steht am Anfang. Ein Wald von Diagonalen, die in den Himmel schießen, ganz eigene Figurenformen. Was hält sie eigentlich zusammen, oben oder unten? Am Ende dann, nahe am Königsworther Platz, die größte Plastik Hannovers, die der Volksmund »Stählerner Engel« nennt. Erich Hauser hat sie 1987 geschaffen. Gewaltig ausgreifende eckige Schwingen. »Gotische Strenge und barocke Fülle« sagen die Kunstkritiker. »Naturhaftes und Kubistisches«, ein Zusammenprall von Landschaft und Natur, »metallene Megalithe« (Hans-Jürgen Müller). Man muss sich einmal danebenstellen und sehen, wie sich die Wolken in dem Edelstahl spiegeln und die Sonne das Metall zum Leuchten bringt. Hart, wie auch das Wasser hart sein kann, und so transparent, so Mensch und Umwelt widerspiegelnd.

Und dann werfe ich mich ins Auto, um den ganzen Lauf der Leine von der Quelle bis zur Mündung abzufahren. An einem Tag ist das nicht zu schaffen, mit Abstechern soll es verbunden sein. Ein herrlicher Tag Ende Mai ist es, als ich in

Richtung Süden starte. Im thüringischen Eichsfeld, in Leinefelde, soll die Leine entspringen, habe ich gelesen. Die 127 km bis Friedland sind in gut einer Stunde geschafft, dann auf die B 27 und kurz vor Witzenhausen auf die B 80 in Richtung Heiligenstadt und darüber hinaus. Nach 174 km und gut zwei Stunden bin ich in Leinefelde. Das Tal ist weit hier, der Eingang in die Stadt ist breit. Eine der jüngsten Städte ist es, erfahre ich später, 1969 – noch zu DDR-Zeiten – hat Leinefelde Stadtrecht erhalten.

Ich komme gleich an die richtige Adresse: die Postbotin an einem der ersten Häuser weist mich nach links in die nächste Straße, da unten werden die Leinequellen sein. Auf einem freien Platz stelle ich das Auto ab und frage die Frau, die mir gerade entgegenkommt. »Sie stehen genau davor«, sagt sie, »da unten im Keller des Gasthauses entspringt die Leine.« Das ist überraschend, aber klingt plausibel, »Zur Leine-Quelle« heißt das etwas heruntergekommene Haus. Ich rüttele an der Tür, entdecke einen Aushang »Mittwoch Ruhetag«, und auch sonst ist das Gasthaus nur von 16.00–23.00 Uhr geöffnet. Also nichts. Ich gehe um die Ecke, entdecke einen kleinen Bach, an dem man – zwischen Gärten – entlanggehen kann. Nach 30 Metern eine Tafel, und da steht alles drauf, was ich suche. »Seit undenklichen Zeiten entspringt die Leine aus mehreren Quellen auf der Wasserscheide zwischen Weser und Elbe in der Senke zwischen Dün und Ohmgebirge dort, wo der älteste Ortsteil von Leinefelde liegt«. Das haben die Kinder in der Grundschule von Leinefelde früher auswendig gelernt, denke ich.

Viele Namen hat die Leine gehabt, 954 ist sie erstmals in der Literatur als »Laginga« erwähnt. Nach 281 Kilometern mündet die Leine bei Eickeloh in die Aller, steht auf der Tafel. 1734 hat eine Göttinger Expedition von Wissenschaftlern die Leinequelle untersucht, »deren Kraft und Sauberkeit die Gewerbetreibenden ihrer Stadt Wohlstand und Gesundheit verdankten«. Sie entdeckten 10 Quellen in einem Umkreis von 80 Metern, je fünf auf beiden Seiten des Leine-Abflusses, der mich auf diese Fährte lockte. Man muss wissen, um zu sehen: Nach der Lektüre schaue ich mich um und entdecke von allen Seiten kleine Rinnsale, die in den

Abfluss münden. Neben der Tafel ist ein kleiner Teich mit einer Insel in einem Garten, das ist die größte Leinequelle, sagt man mir.

Ich spreche einen älteren Herrn, der im Garten arbeitet, auf die verschiedenen Quellen hin an. »Ich habe auch eine«, sagt er und lässt mich bereitwillig in seinen Garten ein. Lehrer an der Grundschule in Leinefelde ist Siegfried W. 40 Jahre lang gewesen, er weiß eine Menge zu erzählen. Die Wasserstelle neben seinem Haus ist nicht sehr groß. »Schichtwasser ist das hier, das sprudelt kaum«. Die Brunnenkresse überwuchert alles immer schnell, das ist auch das Problem des Abflusses, der schnell verkrautet. Von allen Seiten, wie da unten im Gasthaus und aus vielen Gärten, kommen die kleinen Quellen. In dem Buch des Heimatforschers Karl-Heinz Kabisch über Leinefelde und die Leinequellen lese ich später, dass er 1990 sogar 14 Quellen ausgemacht hat. Eine neue wissenschaftliche Untersuchung wäre nach 250 Jahren angebracht.

»Spielen die Leinequellen für Leinefelde eine Rolle«, will ich wissen. Einen kleinen Stolz will er attestieren. Nach der Wende sind eine Reihe von Leuten aus dem Westen gekommen, um nach den Quellen zu schauen, das ist weniger geworden. Ein Leine-Radweg von der Quelle bis zur Mündung ist eingerichtet, ein Faltblatt gibt es dazu, ob ihn jemand fährt, weiß niemand mir zu sagen. Im Wasserturm neben dem Bahnhof, der 1997 phantasievoll zum Rathaus umgebaut worden ist, und in dem kleinen Verwaltungshaus daneben wirkt eine muntere Truppe. Bürgerbüro, Tourisma-Büro als Frauenprojekt, Gleichstellungsbeauftragte: Mit einer Fülle von Broschüren ziehe ich davon.

In dem gerade erschienenen Faltblatt »Leinefelde, eine Stadt in Bewegung«, die Natur, Kultur, Kirche und Industriestandort preist und die Abwanderung beklagt, kommen die Leinequellen allerdings nur in einem Nebensatz vor. Ob der Oberbürgermeister von Hannover an der Leine den Bürgermeister an den Leinequellen eigentlich schon einmal besucht hat? Eine muntere kleine Stadt an der Bahnstrecke Kassel-Halle scheint mir dieses Leinefelde zu sein, als ich durch die Bahnhofstraße gehe, die Kirchen besuche und beim Schlachter eine Bockwurst esse. Als ich zum Abschied noch einmal die Leinequellen inspiziere, winkt mich der Lehrer heran. Er hat ein Fotoalbum in der Hand und zeigt mir im Bild, wie dieser kleine Leineabfluss von 30 cm in Tiefe und Breite zu Pfingsten, wie im letzten Jahr, zu Meterhöhe anschwellen kann und die Gärten alle unter Wasser setzt. Die vom Hochwasser Geschädigten setzen sich später im Jahr zu einem phantasievollen Gartenfest zusammen: Auch davon zeigt er mir die Bilder.

Die Fahrt durch das obere Leinetal überrascht immer wieder mit schönen Panoramen. Der Blick auf Beuren bleibt mir in Erinnerung. Nach Wingerode fahre ich kurz von der Bundesstraße ab, dieser Ort mit den großen Vorgärten vor den Häusern, die Leine ist hier schon 6 bis 8 Meter breit. In Heiligenstadt, dem Ort mit den alten gotischen Kirchen, in dem Theodor Storm acht Jahre als Kreisrichter lebte und Heinrich Heine zum Protestantismus konvertierte, würde ich gerne einen Tag und länger bleiben. Nach Heiligenstadt wird das Tal enger, und die Leine, die zunächst westwärts fließt, zieht hinter Arenshausen nach Norden. Ich folge ihr, bin bald im Göttinger Raum.

Die Idylle an der Leine bei Niedergandern, die Mühleninsel von Reckershausen, wo durch das Wehr die Leine ganz breit und strömend wird. Die schönen Spazierwege an der Leine in Friedland: Das alles kenne ich nun, fahre auf der Autobahn bis Echte und von dort nach Kreiensen herüber, um mich im schattigen Biergarten des »Landhaus Greene« direkt neben der Leine von den Anstrengungen der Fahrt zu erholen. Den Rest der Fahrt, es ist indessen Nachmittag geworden, findet das Auto sozusagen von alleine. Die Straßen des mittleren Leinetals sind meine Frau und ich von Imbshausen aus oft gefahren.

Da kommen die Orte, die den Zusatz »Leine« in ihrem Namen brauchen, um sich von andern Orten gleichen Namens zu unterscheiden. In Freden an der Leine ist der Fluss ganz breit, die Insel mit dem Wasserwerk staut den Fluss und macht ihn danach schnell. Alfeld, die alte Stadt aus sächsischer Zeit am Leineübergang. Der kurze Abstecher nach Brüggen zum Barockschloss der von Steinbergs und von Cramms mit dem breiten Wassergraben ist programmiert. Elze an der Leine, im Mittelalter ein Verkehrsknotenpunkt. Vor Wülfingen taucht rechts die Marienburg auf, deren Standort die Königin Marie vor allem auch deshalb wählte, weil sich die Leine, der Hauptfluss des welfischen Königreiches, so schön um den Marienberg herumschlängelt. Aber jetzt lasse ich die Leine los, der Tag war lang. Der Gedanke, ob das mittlere Leinetal ein einheitlicher Kulturraum ist, beschäftigt mich noch eine Weile. Das Problem kann ich jetzt nicht lösen.

Es ist ein ganz anderer Tag und eine ganz andere Jahreszeit, es ist ein Tag in der zweiten Hälfte des August, als ich mich auf den Weg zur Mündung der Leine mache. Neustadt am Rübenberge hat einen anderen Zusatznamen gewählt, um sich zu unterscheiden; unübersehbar bewacht dennoch die Löwenbrücke über die Leine seit 1269 den Zugang in die Stadt. Breit fließt die Leine daher unter überhängenden Bäumen, aber es führt kein Weg an ihr entlang. Absolut unzugänglich auch die Leine in Basse an der Kirche, die mich mit ihren schwarz-weißen Medaillons an der Decke entzückt. Zwei Meter tief, unter Bäumen und Büschen versteckt, von Stacheldraht abgeschirmt, fließt sie dahin. Von der Brücke auf der Straße nach Mariensee hinüber kann man sie gut sehen. 30 Meter wird sie hier haben, kleine Strudel tief unten, Wiesen an beiden Seiten mit Pferden und Kühen, die Luft steht still. »Dies ist ein Herbsttag, wie ich keinen sah«.

Mariensee liegt etwas ab von der Leine, also zurück nach Basse und weiter nach Helstorf. Die Künstler des 18. und 19. Jahrhunderts haben offenbar das untere Leinetal als einen mit Hannover zusammenhängenden Kulturraum verstanden, die Hase und Ziesenis und wie sie alle heißen, sind überall da. Mandelsloh, diese großartige romanische Kirche mit der Wandmalerei des Weltgerichts von 1421, wo die Teufel um die Seelen bis zur Erbitterung kämpfen. In St. Osdag hängen Fotos, die an die Hochwasser erinnern. 1946: Die Wasser stehen bis in die Häuser hinein. 1956: Mandelsloh ist vom Wasser umzingelt. Pfingsten 1982: Zwei Männer fahren mit dem Paddelboot zur Kirche. Die Menschen dieses Dorfes werden die mögliche Naturgewalt des Flusses nicht einen Augenblick vergessen können.

Dann trennt die Leine wiederum zwei Orte, die offensichtlich zu einer Gemeinde gehören: Niedernstöcken und Esperke. Eine Tafel orientiert über das Leben am Fluss im Unterlauf: Geringe Flussgeschwindigkeit, Sand- und Schlammablagerungen, Altwasserbildungen, Trübung des Wassers und hohe Temperaturen, vielfältige Tierwelt vor allem in den Käfersorten und artarme Pflanzenwelt. In Schwarmstedt ist die Kirche zugeschlossen, vor dem Gästehaus des Schlosses Bothmer steht ein neckischer Amor zur Begrüßung. Und dann kommt das Abenteuer, die Mündung der Leine in die Aller zu finden.

Ich frage zwei junge Frauen mit Kinderwagen: Über Grethem müsse man an die Mündung herankommen. Ich fahre durch Wiesenwege und Büsche, komme an die Leine, aber nicht an den Zusammenfluss. Ein 16-jähriges Mädchen auf dem Fahrrad weist mich zurück nach Schloss Bothmer: Dahinter links durch den Wald und bis zur Schleuse. Dann bin ich da, die Leine kommt von links in leichtem Bogen, aus der Aller durch die Schleuse sickert es nur. Langsam kommt es mir seltsam vor. Dann erscheint Schleusenwärter Rudi K., um ein paar Boote durchzulassen, und erklärt mir alles. Erst nach 2 ½ Kilometern mündet die Leine in die Aller. Hier kommen die beiden Flüsse nur nahe aneinander heran, hier ist die Hademstorfer Schleuse, ein Schleusenkanal der Aller.

Die Beschreibung ist diesmal genau: Von Ahlden nach Eikkeloh, durch den Ort, linker Hand ein Sportplatz, dort rechts rein bis zur Brücke, dann wieder rechts und hinter der Brücke geradeaus. Da hört dann der Weg einfach auf, ich fahre weiter durch die Wiesen, die Kühe sind nicht mehr da. Nach etwa zwei Kilometern durch Wiesengelände habe ich die Leinemündung erreicht. Stehe auf der Landzunge, sitze auf einem Stein. Links kommt die Leine, rechts die Aller. Es ist totenstill, nur das leise Plätschern des Wassers von beiden Seiten. Gelegentlich springt ein Fisch in der Leine hoch. Wie Zwillinge sind die beiden Flüsse, und der eine verliert bei der Begegnung seinen Namen. Dass beide etwa die Hälfte des gemeinsamen Wassers einbringen (bei Hochwasser trägt die Leine weit mehr bei), das kann man sehen. Ein Ruderboot mit zwei grün bekleideten Männern kommt auf der Aller vorbei. »Werden wir jetzt gemalt?«, sagt der eine und deutet auf meinen Schreibblock.

Der Schall trägt weit auf dem Wasser. Ein Bussard schreit. Ich sitze still auf einem Stein, eine »vegetative Ergriffenheit«, so würde Gottfried Benn das nennen, erfasst mich tief. Abseits aller Weltgeschichte fließen zwei Flüsse ineinander. Irgendwo sind sie als kleine Rinnsale, unaufhörlich, aus der Erde gekommen. Hier vereinen sie sich und mischen ihre Elemente. Seit 10000, seit 14000 Jahren ist das so. Keiner schaut da zu und keiner nimmt davon Notiz. Wahrscheinlich bin ich der Erste, der das an dieser Stelle so beschreibt. Existenz pur, es ereignet sich, und ich bin – für eine kleine Zeit – ein Teil davon.

Dann bin ich wieder in Hannover. Unterhalb der Nanas, direkt am Wasser, ist ein Stein, auf dem ich gerne sitze. Der Beginenturm schaut herüber, Scheuernstuhls Plastik »Mann mit Pferd« kehrt mir die Hinterseite zu, den Marktkirchenturm kann ich hinter den Bäumen ahnen. Die Leine ist, wiewohl zwischen Deime und Pregel im ostpreußischen Küstenland aufgewachsen, mein Lebensfluss geworden. Meine erste Pfarrstelle war an der Marienkirche, der kleinen Deutschritterordenskirche in Göttingens Innenstadt. Die Straßen an der Leine, die Eisenbahn-, die Leinstraße, der Rosdorfer Weg waren mein Bezirk.

Die Zeit der jungen Familie war das, die Heirat in der Marienkirche, die Geburt des Sohnes. Die Spaziergänge zu zweit oder dann mit dem Kind an der Leine entlang mit dem breiten Flussbett, das die Hochwasser so gut auffangen konnte. Die nächste Station, das Predigerseminar im Schloss Imbshausen, lag auf einem Berg, aber die Leine bei Northeim war nicht weit. Beim Pfarrhaus in Limmer war der Leine-Abstiegskanal mit dem großen Wehr der Leine direkt hinter der Garage; wenn Hochwasser war, stand alles rechts und links unter Wasser. Zuletzt an der Marktkirche bin ich viele Jahre mehrmals täglich von der Wohnung bis zum Dienstort »über die Leine« gegangen.

Ich sitze da und denke: Das wäre eigentlich hier, unterhalb der Nanas, ein schöner Platz für eine Anlegestelle. Die kleinen Coracles könnte man nachbauen und Niki de Saint Phalle bitten, sie phantasievoll zu bemalen oder gar, sie neu zu gestalten. Wie man gegen die starke Strömung flussaufwärts ankommt, weiß ich nicht, und weit käme man auch flussabwärts nicht. Aber da sitze ich und träume, dem Wasser ganz nahe zu sein. Panta rhei, es ist alles im Fluss in unserem Leben. Die Zeit geht hin, das Leben ist reich und manchmal schwer, in allem gut. Da ist einer, wie der Psalm sagt, der unsere Zeit in seinen Händen hat.

»Die eine bezaubert und die andere bezwingt einen«

Der Name einer Stadt fällt, und Bilder tauchen vor mir auf. London, Dresden, Petersburg, New York. Eine Stadt, das sind die Bilder, die wir uns von ihr machen. Erfahrungen sind mit hineingewoben. So werden die Bilder manchmal mehr von uns selbst verraten als von der Stadt, um die sie kreisen. Hannover habe ich mir immer nur weiblich denken können. Hannovera, wie es im Lateinischen heißt.

Dies war schon so, noch ehe mir bewusst wurde, dass die Hannovera – zusammen mit der Germania – das Eingangsportal des Neuen Rathauses flankiert. Soll ich mir denn Hannover als einen Mann vorstellen wie den Herzog Georg von Calenberg, der 1636 sich Hannover zur Residenz erwählte? Dieser unförmige Mann mit dem flächigen Gesicht und dem kurzen, nach oben stehenden Schnurrbart, wie ihn das zeitgenössische Ölgemälde zeigt.

Dieser Haudegen, der im 30-jährigen Krieg mehrfach die Seiten wechselte, mal für die protestantischen Schweden und mal für die katholischen kaiserlichen Truppen kämpfte und wahrscheinlich nur seinen eigenen Vorteil dabei im Kopfe hatte. Oder soll ich mir Hannover vorstellen wie die vierschrötige Gestalt des alten Generalfeldmarschalls Paul von Hindenburg, der seit 1911 in Hannover wohnte, 1925 Reichspräsident wurde und 1933 Hitler den Weg an die Macht geebnet hat? Ein Mann, den Theodor Lessing mit seinem überscharfen Intellekt ein »Zero«, eine »Null« nannte, dem ein Nero folgen würde. Persönlich ebenso lauter wie in vielen Dingen ahnungslos. Nein, nicht die Männer: Die Frauen haben Hannover groß gemacht. Ich versteige mich zu dieser rigorosen Aussage und beginne einen Gang durch das weibliche Hannover.

Vor der Hannovera des Neuen Rathauses bleibe ich erst einmal eine ganze Weile stehen. Die Stufen vom Trammplatz bin ich hinaufgestiegen, heute versperrt nicht, wie so oft, ein Reisebus mit Rathausbesuchern die Sicht. In voller Höhe und Breite liegt das eindrucksvolle Eingangsportal des Rathauses da. Die Skulpturen des Eingangsbaus hat August Waterbeck gestaltet, und 1907 war das Äußere fertig. Zwei zur Seite hin brüllende Löwen unten, zwei wilde Männer mit großer Keule oben, die das Stadtwappen bewachen.

Das Männerkollegium im Rathaus muss sich offenbar gelegentlich gefürchtet haben. Aber dann begrenzen, auf zwei hohen, schlanken Säulen, zwei Frauen die gesamte Szene. Links die Germania, auch sie wehrhaft, mit Schwert und Schild. Die Nationalliberalen haben in der ganzen Erbauungszeit des Rathauses das Sagen in Hannover, und die Zugehörigkeit der alten Welfenhauptstadt zum Deutschen Reich muss – bei aller Heimattreue – deutlich unterstrichen werden. Kaiser Wilhelm II. hat es sich denn auch nicht nehmen lassen, zur Einweihung des endlich ganz fertig gestellten Rathauses am 20. Juni 1913 wieder einmal nach Hannover zu kommen.

Aber meine Aufmerksamkeit richtet sich nach rechts zur Hannovera. Eine Neuentdeckung ist hier zu machen. In keinem Hannover-Buch, selbst nicht in dem gründlichen Rathaus-Buch von Wolfgang Steinweg, ist sie erkennbar abgebildet. Eine schlanke, junge, schöne Frau ist die Hannovera. Ein langes, fließendes Gewand, das Haupt gekrönt. Im Schreiten ist sie dargestellt, der rechte Fuß ist vorgeschoben, die rechte Hand stützt sich auf einen Eichenstamm. Und links hält sie, meine Begeisterung schlägt Wellen, ein großes Modell der Marktkirche ganz locker in der Hand.

Die Geschichte symbolischer Städtedarstellungen wird lang sein, ich kenne mich da nur wenig aus. Die Mariendarstellung, die Gestalt der »Erlöserin« schwingt deutlich nach. Das griechisch-römische Schönheitsideal des auch körperlich vollendeten Menschen. In Revolutionszeiten sind solche Frauengestalten zu einer »allégorie réelle« geworden, wie in dem berühmten Kolossalgemälde von Eugène Delacroix »Die Freiheit führt das Volk an« (1830) im Louvre von Paris. Eine kühne Frau mit nackten Brüsten, die Trikolore in der rechten, hochgereckten Hand, schreitet über das Schlachtfeld hin. Der emanzipatorische, geschichtsverwandelnde Auftrag der Frau ist mitgestaltet. Idealität und Realität, Ikone und Reportage sind ineinander verwoben.

Bei August Waterbecks »Hannovera« ist nur die Idealität herausgekehrt. Hannover wird in ihr vorgestellt als eine stets junge, Menschen beglückende, voranschreitende, in einer ewigen Bestimmung wurzelnde Stadt. Erkennbar im Diesseits, im Fortschrittsglauben der Gründerjahre ist sie angesiedelt. Eine Krone hätte man ihr sonst nicht aufzusetzen gewagt. Aber bei aller Desillusionierung über Hannover und über die Hannoveraner, die bald folgen würde, spricht diese Skulptur der Hannovera doch ein wichtiges Stück meiner Stadterfahrung aus. Der Wärmestrom dieser Stadt ist spürbar, der meine Frau und mich und auch unseren Sohn und unsere Schwiegertochter und viele unserer Freunde gerne in dieser Stadt leben lässt.

Die Geschichte habe ich oft und gerne erzählt, die mein Heimatgefühl präzise ausdrückt. Wir besuchten den damals neunzigjährigen, ungeheuer vitalen und lebendigen Bildhauer Kurt Lehmann in seinem Atelier in Staufen im Markgräfler Land. Als wir wegfahren wollen, kommen Nachbarn von Kurt Lehmann, ehemalige Düsseldorfer, an unser Auto, begrüßen ihn und uns. »Was, aus Hannover sind Sie?!«, sagt die Frau. »Bei uns in der Familie kursiert der Slogan: Wenn die Welt untergeht, dann fahren wir nach Hannover. Da haben wir Freunde.« Hannover als Bastion gegen den Weltuntergang: eine Zeit lang wird das tragen.

Ich laufe noch schnell zur Landschaftsstraße hinüber, um die »Hannovera« des Bildhauers Karl Gundelach an der »Braunschweiger Hanne« mit der Rathausskulptur zu vergleichen. Aber die »Brunsviga« und die »Hannovera« ragen, direkt am Eckhaus gegenüber dem Hase-Bau des Künstlerhauses in der Sophienstraße, so hoch in den Himmel, dass ich nur den reichen Faltenwurf auf den bewegten Gewändern erkennen kann.

Zurück zum Neuen Rathaus und einige Schritte nach links. Die Reihe des Bilderfrieses, der oben die ganze Nordseite des Rathauses überspannt, beginnt mit einer stillen Szene. Ein Mädchen kniet, mit gesenktem Haupt und Augenbinde, mit Pilgerstab und Rosenkranz, vor einem Sarg. Die erste Erwähnung des Namens »Hannover« ist mit einer Frau verbunden! Im Jahre 1150 wird, auf der Synode des Erzbistums Mainz in Erfurt, zum ersten Mal der Versuch unternommen, den 1022 gestorbenen Hildesheimer Bischof Bernward heilig zu sprechen.

Die »Miraculi Bernwardi« werden vorgelegt: Wundergeschichten, Berichte von Heilungen am Grabe Bernwards. Eine Erfurterin, eine Hildesheimerin und dann, an dritter Stelle, diese Geschichte von dem blinden Mädchen aus dem »vico Hannovera«, das am Grabe des Hildesheimer Bischofs sehend wurde. An prominenter Stelle steht Hannover, vor vielen anderen Orten. Das wird – so meint der beste Kenner von Hannovers Frühgeschichte, Helmut Plath, – mit der inzwischen gewachsenen Bedeutung der Siedlung am hohen Ufer der Leine zusammenhängen. »Vicus« ist dann wohl mit »Marktort«, nicht mit »Dorf« zu übersetzen.

Der Bildhauer Peter Schumacher hat die Szene in klaren Umrissen gestaltet. Der Augenblick vor dem Ereignis des Wunders ist festgehalten. Das konzentrierte, hingebungsvolle Gebet. Die tiefe Demut. Der Künstler hat die Bernwardsgruft in der Michaeliskirche von Hildesheim gut gekannt. Die romanischen Bögen des Gewölbes, die Kastenform des Sarges mit dem Lamm und der Kreuzesfahne, dem Siegeszeichen der Auferstehung, sind zu erkennen. Den Sarkophag hat er auf Löwenköpfe gestellt. Vielleicht ist das eine Anknüpfung an die zwei Löwenköpfe, die als Ringhalter in der Mitte der Bernwardstür die Bildfelder durchbrechen. Diese wunderbare Tür am Dom, die doch auch für die Michaeliskirche geschaffen wurde. Die Ringhalter an den Löwenköpfen halten den Asylgedanken wach. Wer als Verfolgter seinen Arm durch einen der Ringe steckte, war auf dem Boden der Kirche und war gerettet. Der Gedanke, der über die Bildidee des Peter Schumacher sicher weit hinausgeht, gefällt mir: Das Grab des Bischofs Bernward als Asyl für die Krankheiten dieser Welt. Die Idee der mittelalterlichen Pilgerstätten war so einfach. Man geht dahin – und ist gerettet.

Ich hätte diese »Hannovera«, dieses namenlose Mädchen, das zum ersten Mal den Namen »Hannover« in die Annalen der Geschichte einträgt, gerne gut gekannt. Worüber hätten wir uns unterhalten können? Hätten wir die Worte und die Andeutungen des Anderen überhaupt verstanden? Wie das ist, nur die Dunkelheit zu kennen und auf einmal, durch das Licht, die Gegenstände zu sehen, ehe man sie fühlt: Das hätte ich gerne von ihr gewusst. »Man müsste die Welt, um sie erträglich zu machen, zwingen, einen weißen Schatten zu werfen«, hat Martin Walser einmal gesagt. Wie neben einem guten Freund wäre ich mit ihr vom Grab des Heiligen Bernward weg durch Hildesheim gegangen, um alles wie zum ersten Mal zu sehen.

Eine Welt der weißen Schatten und der Wunder. Vor der Bernwardstür, die nun schon seit 1015 da ist, sehe ich uns beide fassungslos stehen. Dieses ungeheure Bild des Sündenfalls, dieses Innewerden einer existentiellen Urerfahrung, die wir beide kennen. Wie da Adam, verstohlen und doch wirksam, mit der rechten Hand unter dem linken Arm hindurch auf das »Weib« weist, »das du mir gegeben hast«. Die Schuld an der Übertretung des Gebotes wird weitergereicht von einem an den anderen, und bleibt vielleicht sogar an Gott selbst hängen. Der wird damit umzugehen wissen. Viel zu sagen bleibt da eigentlich gar nicht. Wenn man schauen kann, wird man begreifen: Das Anwachsen der Sünde und die noch größere Kraft der Erlösung. Mit hellen Augen kehren die zwei aus Hannover von Hildesheim zurück.

Am Neuen Rathaus nehme ich den Ariadne-Faden, der durch Hannovera läuft, wieder auf. Er führt mich in die Marktkirche. Viele Besucher dieser Kirche werden es noch nicht bemerkt haben: Das rechte Fenster im Hauptchor der Marktkirche ist ein Frauenfenster. Sieben Frauen blicken dort auf mich herab, lassen die Farben ihrer Gewänder zwischen rot und blau und grün leuchten. Weiße Mäntel hüllen sie ein, die Hintergründe sind in mystischem Blau oder Rot gehalten. Vier Ganzabbildungen und drei Brustbilder sind es. Ein einziger Mann im Brustbild ist dazwischen, ein Prophet mit einer Schriftrolle offenbar. Wie verloren blickt er auf. Der männliche Zeuge sozusagen ist er für die Beobachtung, die jeder sorgfältige Leser des Neuen Testamentes machen kann: Das Kommen des Christentums ist auch und ganz elementar eine »Stunde der Frauen«.

Weihnachten mit der Geburt Christi und Ostern mit den ersten Auferstehungszeugen gilt das in besonderer Weise. Unter den Märtyrern der ersten Jahrhunderte sind ungewöhnlich viele Frauen. Sie sind auf diesem Fenster festgehalten, das Scheiben aus dem Mittelalter mit Scheiben des 19. Jahrhunderts mischt. Die Wiederentdeckung des Mittelalters durch die Romantik fügt diese beiden Epochen ja auch eng zusammen.

Das Problem des Marktkirchenfensters ist die Benennung der Personen. Die Frau mit dem Salbgefäß oben rechts und mit dem von Künstlern des 19. Jahrhunderts geglätteten Gesicht: Maria Magdalena ist das, das ist klar. Aber wer mag die Frau oben links mit Palme und Buch sein, oder die Frau mit dem Kelch in der Mitte oben?

Ich stehe dicht vor dem Fenster, hinter dem Altar, und die Klarheit und Kraft der drei Frauenbilder in der unteren Reihe überwältigt mich wieder. Links eine Heilige mit einem fein geschnittenen Gesicht, die dem Betrachter ein Kirchenmodell entgegenhält. Nach dem Attribut könnte es Kunigunde, Klothilde oder Mathilde sein, auch Waltraud, Helena oder Ida von Herzfeld werden mit Kirchen dargestellt. Rechts neigt eine Heilige mit Monstranz sehr würdevoll ihr Haupt.

Aber ich bin auf Menschen aus, die bereit sind, mir ihre Geschichte zu erzählen, und so bleibe ich an dem Heiligenbild in der Mitte hängen. Es ist die Heilige Katharina mit Rad und Schwert. Eine Tochter des Königs Costus sei Katharina gewesen, erzählt die »Legenda aurea« des Jacobus de Voragine aus dem Jahr 1244. Mit spürbarer Sympathie wird von ihr geredet. Unschuld des Tuns, Reinigkeit des Herzens, Verachtung der Eitelkeit, Wahrheit der Rede seien die vier Stufen ihrer Himmelsleiter gewesen. »Sie war auch gar zart und schön und erschien allen Augen lieblich mit wunderlicher unsäglicher Schönheit«. Aber die »Legenda aurea« strickt nicht an einem männlichen Frauenideal herum: schön, bescheiden, fromm. Nein, die Geschichte der Katharina geht ganz anders.

Als Kaiser Maxentius (um 310) in Alexandria die Christen zum Gebet an die heidnischen Altäre befiehlt, tritt Katharina ihm mit klaren Argumenten kühn entgegen. Eilig werden die 50 Weisen des Landes zusammengerufen, aber Katharina weiß auch sie, mit Argumenten des Philosophen Plato, sprachlos zu machen. Als Katharina die Kaiserin und ihr ganzes Gefolge zum Christentum bekehrt, ist das Maß voll. Sie wird vom Kaiser zum Tod auf den Folterrädern verurteilt, die sich in entgegengesetzte Richtung bewegen und ihren Körper zerreißen sollen.

Da nun aber entfaltet das spätere Mittelalter seine ganze Kraft der Wundergläubigkeit, die selbst einen solchen Tod in den Triumph des Glaubens verwandelt. Feuer fällt vom Himmel und zerstört das Teufelswerk. Sie muss mit dem Schwert enthauptet werden, aber aus ihrem Leib fließt Milch statt Blut, und Engel entführen ihren Leichnam und bestatten ihn auf dem Berg Sinai, dem Berg der Gesetzgebung und Verheißung. – Die Nachgeschichte ist dann eher prosaisch und wirft ein Licht auch noch auf spätere Zeiten. Bei Migräne und Zungenkrankheiten soll Katharina angerufen werden und bei der Suche nach Ertrunkenen. Wegen ihres großen Liebreizes verehren sie die Modistinnen und Schneiderinnen der Pariser Haute Couture noch heute, wird mir erzählt.

Das Bild der Heiligen Katharina in dem Marktkirchenfenster zeigt ihr wahres Gesicht, wie ich meine. Der erhobene Kopf, der aufrechte Gang, die hochgereckte Hand erweisen die Überlegenheit des Geistes. Die dreifache Weisheit sei in ihr gewesen: die Ethica, die Oeconomica und die Politica. So erzählt es wieder Jacobus de Voragine voller Stolz. Rhetorisch-philosophisch war sie auf dem letzten Stand. »Sie disputierte mancherlei Dinge mit dem Kaiser durch unterschiedliche Schlüsse der Syllogismen, allegorisch und metaphorisch, dialektisch und mystisch«. Absolut verständlich ist mir, dass die Männer ihr nicht standhalten konnten.

Und jetzt verwirrt sich mein Ariadne-Faden. Ich bin auf der Suche nach einer ganz besonderen Frau und weiß nicht, wo ich sie in Hannover finden kann. »Ich habe ein herberg vnd aldt pawfelig haus alhir gemidet«, schreibt sie an ihren Schwiegersohn. Ich kann nicht herausfinden, wo das Haus gestanden hat, in dem sie zwei Jahre, von 1553 bis 1555, untergekommen ist. Vielleicht war es eines der alten Häuser in der Burgstraße, lebhaft vorstellen kann ich mir das.

Die bewegendsten Briefe, die je aus Hannover geschrieben worden sind, die sind von ihr. Die Rede ist von der Herzogin Elisabeth von Braunschweig-Lüneburg, der Calenberger Fürstin. »Euer Liebden arme, betrubte vnd verjagete mutter im ellendt zu Hannober«, hat sie die Briefe an den Königsberger Schwiegersohn, den Herzog Albrecht von Preußen, manchmal unterschrieben. Zwei sichere Bilder gibt es nur von ihr. Das eine ist ein Brautbild, zeigt die Fünfzehnjährige an der Seite ihres 40 Jahre älteren Gemahls Erich I. von Calenberg-Göttingen und hängt im schwedischen Schloss Gripsholm. Ein zierliches, in Schwarz gewandetes Mädchen mit der Lilie als Zeichen der Jungfräulichkeit schaut ängstlich in die Welt.

Das andere Bild ist ein Holzschnitt auf der Rückseite des Titelblattes der Kirchenordnung im Fürstentum Calenberg-Göttingen. Da ist sie 32, ist schon Witwe und verwaltet als Vormund das Fürstentum für ihren noch unmündigen Sohn Erich II. Keine Spur von Unsicherheit ist da mehr. Voll Selbstbewusstsein, ja fast gebieterisch, mit Amtskette und federgeschmücktem Hut schaut sie an dem Betrachter kühl vorbei. Am Stehbündchen ihres Hemdes sind seitenverkehrt die offenbar eingestickten Worte »Als in eren« zu lesen. Möglicherweise ist das ein protestantisches Bekenntnis;

auch andere Personen dieser Zeit, besonders auf von Lucas Cranach d. Ä. gefertigten Bildern, tragen die Inschrift an ihrem Hals. Ein Braunschweiger Miniaturgemälde gibt es dann noch, ein als Erwachsene gekleidetes Mädchen mit großen, offenen Augen. Ob es wirklich Elisabeth ist, sei dahingestellt. Zwei Epitaphien, eines am Grab Erichs I. in der Mündener Blasius-Kirche, das andere in der Schleusinger Stadtkirche, in Erinnerung an ihren Tod auf Schloss Ilmenau in der kleinen Grafschaft Henneberg: Das ist alles. Kein Bild mehr in Hannover, kein Ort, der ganz an sie erinnert. Ich gehe wenigstens noch einen Augenblick in die Schausammlung der Marktkirche hinunter, wo – neben dem Bödekersaal – der Kelch und die Patene zu sehen sind, die die Herzogin Elisabeth bei ihrem Abschied von Hannover der Marktkirche gestiftet hat. Ihr heißer Wunsch ist im Abendmahlsteller eingraviert: »Gott wende all mein Herzeleid«.

Dieser Frau will ich beim Schreiben ihrer Briefe noch ein wenig über die Schulter schauen. Sie hätte mich sicher stehen lassen, wenn ich als Pastor Primarius um eine Audienz bei ihr nachgesucht hätte. Sie hätte huldvoll mit mir geplaudert, hätte nach allen möglichen theologischen Finessen gefragt. Ich hätte vermutlich das Gefühl behalten: Voll akzeptieren wird sie dich nur, wenn du auf der Kanzel stehst. Denn das Standesbewusstsein ist dieser brandenburgischen Kurfürstentochter, die in der Cöllner Residenz zusammen mit ihren Geschwistern eine für Mädchen damals ungewöhnlich gute Schulbildung vermittelt bekam, in Fleisch und Blut übergegangen.

Dieses Gefühl, einer Fürstin stehe ein ganz anderer Lebensstil zu als der in Hannover mögliche, begründet sicherlich die Heftigkeit ihrer Klagen. Ihr Gesinde besteht auch in Hannover noch aus 13 Personen, und darunter ist auch noch ein »alter Narr« (Brief vom 24. 10. 1553). Eine Sendung von 10 Ochsen, die Herzog Albrecht ihr von Königsberg hinunterschickt und die sie nach dem langen Marsch erst noch »auffüttern« muss, erhält auch nicht jede (Brief vom 31. 10. 1553). Aber ich will mich der Heftigkeit ihrer Emotionen aussetzen und noch die Vorgeschichte erzählen.

1540 stirbt ihr Mann, Herzog Erich I., dem sie in 15-jähriger Ehe vier Kinder geboren und der seine jugendliche Frau schätzen und lieben gelernt hat. Leicht hat er es mit ihr nicht gehabt. Leidenschaftlich, ja maßlos ist sie in ihrem Zorn. Als sie entdeckt, dass ihr Mann eine Mätresse hat, stiftet sie Erich – mit Erfolg – an, sie als Hexe verfolgen und töten zu lassen. Als Sühneleistung verlangt und erhält sie die Überschreibung des Amtes Münden als persönlichen Besitz.

Leidenschaftlich aber ist sie auch in ihrer Hingabe. Als 1533 die Stadt Hannover zur Reformation übertritt und mit dem Landesherrn, der altgläubig geblieben ist und bleibt, darüber in Konflikt gerät, schreibt sie – um Vermittlung angegangen – noch einen ziemlich ungnädigen Brief. »Wir hören fürwahr nicht gern, daß euch Unser freundlicher, lieber Herr und Gemahl ungnädig ist ..., wo doch die Untertanen ihrer Obrigkeit keinen Richter zu setzen noch zu gebieten haben« (Brief vom 28. 10. 1533). Aber bald ist sie, durch die Lektüre der Schriften Luthers und durch persönlichen Kontakt mit Corvinus und mit Martin Luther selbst, für die evangelische Sache gewonnen und setzt sich leidenschaftlich für sie ein. 1538 führt sie die Reformation in ihrem Amt Münden ein, nach dem Tod ihres Mannes im ganzen Herzogtum. Außer sich gerät sie, als der so sorgfältig im evangelischen Glauben erzogene Sohn nach Volljährigkeit und Übernahme der Regentschaft wieder zum katholischen Glauben zurückkehrt und sogar ihren Lehrer und Beichtvater, Antonius Corvinus, in der Feste Calenberg gefangen setzt (an den Folgen der Haft ist Corvinus bald darauf gestorben und in der Marktkirche begraben). »O Herr Gott, tröste mich arm elend Mutter!«, schreibt sie an ihren Sohn. »Was hab ich geboren, was hab ich erzogen! Die erkannte Wahrheit verleugnen, ist eine Sünde, die noch hier noch zukünftig vergeben wird« (Brief vom November 1549).

Anflüge von Schwermut sind erkennbar, die am Ende ihres Lebens sogar zu einer Geistesverwirrung führen. »Ich stehe und sehe allein blos auff got und gedenck, der mensch sey geborn zum vnglück wie der fogel zum fligen« (Brief vom 10. 12. 1549). Zum zweiten Mal geheiratet hat sie inzwischen, den Grafen Poppo von Henneberg, kann sich aber in die provinzielle Enge von Ilmenau nicht fügen, ist meist in ihrem Schloss in Münden und mischt politisch kräftig mit. Bis sie alles auf eine Karte setzt und alles verliert. In der blutigsten Feldschlacht des 16. Jahrhunderts, in der Schlacht von Sievershausen bei Hannover 1553, steht sie auf der falschen Seite. Verliert alle Rechte und Besitztümer in Münden, sieht sich dem Hass von Sohn und Schwiegertochter ausgesetzt, ist trotz Verkaufs ihres persönlichen Schmuckes besonders gegenüber der Stadt Hannover hoch verschuldet.

Und sitzt nun also in der Stadt, in die sie oft in großer fürstlicher Kalvakade eingezogen ist, in persönlicher Schuldhaft sozusagen. Und schreibt und schreibt, Seiten über Seiten, gelegentlich sogar drei Briefe an einem Tag an dieselbe Person. Schreibt vor allem an den einzigen Mann, von dem sie wirksame Unterstützung erhofft und auch erhält, an ihren Schwiegersohn, Herzog Albrecht von Preußen in Königsberg am Pregel.

Einen Augenblick will ich ihr beim Schreiben noch zuschauen. Das Politisieren kann sie nicht lassen, und sie setzt noch immer Hoffnungen auf den windigen Markgraf Albrecht Alcibiades von Brandenburg. Natürlich schildert sie in den ersten Briefen aus Hannover ausgiebig den Verlauf der Schlacht von Sievershausen. Danach ist sie auch körperlich am Ende, beschreibt ausführlich ihre Krankheiten mit Brechen und Durchfall dreißig mal am Tag und einem Stuhlgang, »als milch so weis« (Brief vom 14. 7. 1553).

Aber dann schreibt sie Sätze, die mir nahe gehen. »Ich kan nit ermer werden, als ich bin; auch nit in grosser nott komen; sie nemen mir dan das leben; so haben sies alle wech« (Brief vom 9. 6. 1554). »In suma, ich bin nacket aus gezogen ... Habe nymantz auff erden als euer liebden als den liben Johannes, dem cristus sein mutter beful. Mir genuget auch wol, das ich vnder der zal der selligen bin. Got wirdts wol machgen, der gebe mir vollige libe und gedult, den meines hertzen angst und wehe ist mancherley« (Brief vom 11. 11. 1553). Briefe der Verzweiflung und des Gottvertrauens, aus einem unbekannten Haus im alten Hannover geschrieben und in die Welt gesandt. In ihrer Einsamkeit schreibt sie Kirchenlieder, die im Reim etwas stolpern. Als sie durch den Schutzbrief des Kaisers vom 8. Januar 1555 endlich im Frühjahr 1555 freikommt – am Pfingstabend trifft sie bei ihrem Mann im Schloss Ilmenau ein –, vollendet sie noch ein »Witwenbüchlein«, an dem sie sicher auch in Hannover geschrieben hat und das 1556 im Druck erscheint. »Dann wer Gott vertrawet und seines herzen zuversicht auff ihn setzen kan, der achtet nicht, wie groß das vnglück sey, das ihm auff Erden auff dem halse ligt. Er achtet allein nur, ob im stehenden vnglück Gott sein gnediger Gott vnd Herr sei«. Resümee eines Lebens, in schweren Jahren in Hannover getestet und bewährt. Kurz darauf ist Herzogin Elisabeth von Calenberg-Göttingen, jetzt Gräfin von Henneberg, am 25. Mai 1558 mit 48 Jahren auf Schloss Ilmenau gestorben.

Der unsichtbare Faden, der mich durch Hannover leitet, zeigt jetzt in eine klare Richtung. Er führt mich vor das Leineschloss. Denn genau 100 Jahre später betritt die brillanteste Frau, die Hannover je gesehen hat, die Szene dieser Stadt. Am 30. September 1658 heiratet Herzog Ernst August von Braunschweig-Lüneburg in Heidelberg die Prinzessin Sophie, die Tochter des lange verstorbenen Kurfürsten von der Pfalz und unglücklichen Winterkönigs von Böhmen. Sophie wird sofort mit ihrem Mann im Leineschloss zu Hannover eine Wohnung beziehen. Zu Gast sozusagen bei dem regierenden Herzog Georg Wilhelm, von dem Ernst August in jenem seltsamen Verlobungstausch der Brüder Sophie übernommen hat. Enger als heute war es damals im Leineschloss außen wie innen, das Schloss war von Häusern der Altstadt dicht umstellt. Immerhin ist dem jungen Paar Kost und Logis für 24 Personen zugesagt.

Drei Jahre später wird Sophie mit ihrem Mann in das Schloss Iburg einziehen, wo Ernst August – Ironie der Friedensschlüsse des großen Konfessionskrieges – als evangelischer Herzog im Wechsel mit einem katholischen Geistlichen Fürstbischof wird. Ein schönes neu erbautes Schloss mit prächtigen Gärten muss Sophie in Osnabrück zurücklassen, als Ernst August 1680 endlich selbst die Herschaft im Herzogtum Braunschweig-Lüneburg antreten kann. Das »so schmutzige und schreckliche Haus« an der Leinstraße liebt Sophie nicht sehr. Aber ihr Mann wird das Schloss umbauen und freilegen, wird einen großen und prächtigen Audienzsaal, den »Rittersaal«, einbauen, der der neuen Würde als Kurfürst Rechnung trägt. Schließlich bekommt das Schloss dann noch sogar ein vielgerühmtes Schlossopernhaus. Sophie wird auch als Witwe noch im Winter im Schloss an der Leine wohnen, obwohl ihr Herrenhausen mit Schloss und Garten längst zur eigentlichen Heimat geworden ist, und ihr, nach dem Tod ihres Mannes 1698, auch selbst gehört.

Ich will gestehen: Unsicher macht mich diese Frau. Ich weiß bis heute nicht, wie ich mich eigentlich innerlich zu ihr verhalte. Gerne schaue ich mir die Bildnisse aus ihren jüngeren Jahren an. Vor allem das Ölgemälde aus Den Haag, das Gerard van Honthorst gemalt hat und das im Herrenhausen-Museum zu sehen ist. Ich weiß, dass es geschönt ist. Ihre Nase war viel wuchtiger, und Pockennarben entstellten ihr Gesicht. So gewaltig, wie sie Wilhelm Engelhard 1876 an ihrem Sterbeplatz in den Herrenhäuser Gärten in der aus Marmor geschaffenen Sitzfigur modelliert hat, ist sie wahrscheinlich nicht einmal an ihrem Lebensende gewesen. Zeit ihres Lebens wird sie, entgegen dem barocken Frauenideal, als ausgesprochen dünn beschrieben. Sie sei »so mager wie ein Stock«, schreibt sie selbst 1664 aus Venedig, und das bleibt auch nach der Geburt der Kinder so. Später, etwa in dem Ölbild von Andreas Scheits um 1710, weiß man nicht recht, ob die angedeutete Fülle nicht auch wieder eine höfische Schmeichelei ist, die der wahrscheinlich zukünftigen Königin von England gilt.

Damit ist der eigentliche Punkt meiner Unsicherheit angesprochen. Ich weiß nicht, ob mir eine so rundherum im absolutistischen Selbstbewusstsein gründende Frau emotional noch zugänglich und verständlich ist. »Ich hatte hellbraune, natürlich gewellte Haare, ein munteres, ungezwungenes Aussehen, eine wohlgeformte, aber nicht sehr große Figur und die Haltung einer Prinzessin«. So beschreibt sie sich selbst in ihrer Jugendzeit, rückblickend, in ihren Memoiren von 1680. Ihr fürstliches Selbstbewusstsein ist absolut ungebrochen und äußert sich bei jeder nur denkbaren

Gelegenheit. Ja, der ihr eigentlich freundschaftlich gesonnene Herzog Anton Ulrich von Braunschweig spottet sogar, dass sie sich für »eine von den grössesten Prinzessinnen der Welt schätzete«. Das hindert Sophie nicht, sich kräftig »unter das Volk« zu mischen, aber es hat alles einen Beiklang von Herablassung und Jovialität. So wie sie in einem Brief an ihre Enkelin, die Königin Sophie Dorothea in Berlin, den Zwischenstopp auf der Rückreise bei einem Dorfpastor beschreibt, bei dem sie nur schnell etwas essen wollten. »Aber dieser Biedermann hatte von sich aus ein wundervolles Souper von Forellen hinzugefügt, namentlich aber einen ›braunkohl‹ mit wundervoller ›wurst‹, wie es sie an keinem Hofe besser gibt. Wir haben, glaub' ich, soviel davon gegessen, dass mein Reisewagen ... schwerer wurde« (Brief vom 25. 11. 1713). Die scharfe Beobachtungsgabe, die sich gerade auf die kleinen Dinge richtet, macht Sophies Briefe zu einer vergnüglichen Lektüre. Die Ironie gegenüber Personen, die oft noch viel schärfer ist als hier, macht mir zu schaffen. Sie fordert die eigene Distanz geradezu heraus.

Der Hof- und Cammerrat C.L.H. Pratje hat es ihr in seinem köstlichen Hannover-Buch von 1817 kräftig zurückgegeben: »Diese Deutsche Fürstin schrieb Französisch wie ein Gelehrter und Deutsch wie eine Wäscherin.« Eine Ironie übrigens, die Sophie häufig auch gegenüber sich selbst in Anwendung bringt. So meint sie bei der Stiftung eines selbstgestickten Altarbehangs für das Kloster Loccum 1691, dass ihre Arbeit wohl nicht für die Ewigkeit geschaffen sei. »Wenn mich die Würmer gefressen haben werden, dann werden sie meine Arbeit nicht aussparen.« Die Ironie trifft eben manchmal auch daneben. Das Antependium in Loccum hat sich bis heute erhalten.

Im Rittersaal von Schloss Iburg ist ein großes Bild zu sehen, das links Karl den Großen (mit Frau) als Gründer des Bistums Osnabrück zeigt, in der Mitte den Amtsvorgänger von Ernst August und rechts Ernst August, Herzog von Braunschweig-Lüneburg als Osnabrücker Bischof mit seiner Frau Sophie. Die beiden stehen hintereinander und schauen sich nicht an. Abstand ist zwischen ihnen, sie blicken den Betrachter an. Das Bild von 1665 nimmt vorweg, was bald eintreten wird. Die Ehe zwischen Ernst August und Sophie beginnt, zu Sophies eigenem Erstaunen, mit großer Liebe und Leidenschaft. In ihren Memoiren beschreibt Sophie, wie Ernst August während seines Nachmittagsschlafes sie dazu brachte, sich gegenüber auf einen Stuhl zu setzen, er seine Beine rechts und links auf den Stuhl legte, »damit ich ihm nicht entschlüpfen konnte«. Stundenlang saß sie so, ohne sich zu langweilen, da sie ihn so liebte. Das war bald vorbei. 1674 nimmt sich Ernst August ihre Zofe Clara Elisabeth von Meysenburg, die gerade den Kammerrat Ernst Augusts, Franz Ernst Freiherr von Platen geheiratet hat, als öffentlich anerkannte Mätresse.

Schon 1680 heißt es, dass sie einen weit größeren Einfluss bei Ernst August habe als seine Frau. Sie begleitet den Herzog 1685/86 nach Venedig, nicht Sophie. Sie gebiert Ernst August eine Tochter, die zwar nicht legitimiert, aber unter der Hand doch anerkannt wird. Bis zum Tod von Ernst August bleibt das so. Die Verstrickung Sophies in die »Prinzenverschwörung« ihres dritten Sohnes Maximilian Wilhelm gegen den Vater 1691 isoliert Sophie noch mehr. Demütigungen über Demütigungen hat sie eingesteckt, Zurücksetzungen jeder Art, Tuscheleien und Gerede nicht nur hinter ihrem Rücken.

Barocke Hofhaltung ist ein einziges unglaubwürdiges und unwahrhaftiges Theaterspiel, dessen Regeln man kennen muss, um nicht auf den Bauch zu fallen. Sophie hat das ganze Spiel mitgespielt, im Interesse der Herrschaft und sicher auch in ihrem eigenen Interesse. Über all das hat sie nie reden wollen, »die Platen« taucht in ihren Briefen so gut wie gar nicht auf. In dieser Einbindung in ein im Grunde leeres Herrschaftsritual ist sie mir ganz fern. Aber vielleicht hat sie als Frau in dieser Zeit auch keine andere Chance, als dieses Herrschaftsspiel durch innere Distanz in seiner Hohlheit zu entlarven.

Das Schicksal ihrer Schwiegertochter, über das gleich zu reden sein wird und die an ihrer Schwiegermutter auch nicht den geringsten Rückhalt gefunden hat, deutet darauf hin. Und ich beginne zu ahnen, wie ohnmächtig sich viele

Frauen fühlen mussten, wenn sie von Männern in absolutistischer Manier zunächst als nette und nützliche und dann als überflüssige Dekoration behandelt wurden.

Dann gibt es aber noch eine ganz andere Seite bei Sophie. Von einer großen Lebensfreude erfüllt ist diese Frau. An Blumen, Pflanzen und Vögeln, an Wind und Wetter, an guter Unterhaltung kann sie sich ungemein erfreuen. Als »gelehrte Frau« gilt sie, die sich in Herrenhausen am liebsten mit Philosophen und Theologen umgibt. Ihren klaren Wirklichkeitssinn erhält sie sich, und sie wird müde, wenn Leibniz ihr auf einfache Fragen lange, umständliche und schwierige Antworten gibt. Das kann ich ihr sehr gut nachempfinden, mir geht es – bei aller Faszination und Bewunderung – bei Gottfried Wilhelm Leibniz manchmal ebenso. Unzählige Briefwechsel hat Sophie geführt, mit ihrem Witz, mit ihrer Formulierungslust und ihrem Überlebenswillen hat sie Menschen aufgerichtet.

Absolut glaubhaft ist es, wenn eine ihrer ständigen Briefpartnerinnen, ihre Nichte Herzogin Liselotte von der Pfalz, nach dem Tod Sophies aus Frankreich klagt: »Ma tante war mein einziger trost in allen widerwertigkeyten hier, sie machte mir mit ihren lustigen briefen alles leicht. ..., sie hat mir dadurch bisher das leben erhalten« (Brief vom 1. 7. 1714). So ist es vielen gegangen, die die Chance hatten, von ihr anerkannt zu werden. Und die Verse von Gottfried Wilhelm Leibniz auf den Tod der Kurfürstin Sophie sind auch ein höfisches Huldigungspoem, aber doch nicht nur.

> »Im Unglück nicht verzagt, im Glück sich nicht erhoben,
> Und alles angesehen, als käm' es ihr von oben,
> Die mit der Hoheit Glanz die Demut vergesellt,
> Verstand und Tugend sich als Richtschnur vorgestellt.«

Denen, die sie kannten, war es ein Trost, dass sie gestorben ist, wie sie es sich gewünscht hatte: in einem schnellen Tod, auf einem Spaziergang mitten in den Herrenhäuser Gärten, und nicht in einem langen Krankenlager, den Pfarrer auf der einen und den Doktor auf der anderen Seite. Sie hätte sonst wohl auf dem Sterbebett noch einige ironische Bemerkungen gemacht, diese kraftvolle und lebensbejahende Frau.

Ich bleibe noch eine Weile im Bereich des Schlosses an der Leine, gehe in das Schloss hinein, in dem mich heute nur der Pförtner des Landtags nach meinem Ziel fragt. Früher war die Wache ein unüberwindbares Hindernis. Ich gehe um das Schloss herum, blicke am Leinewehr eine Weile in die Wirbel, in denen sich das Wasser nach dem Sturz in die Tiefe langsam wieder fängt. Die Leine hat ihre eigene Rolle gespielt in der Geschichte der Frau, der ich jetzt in erinnernden Bildern begegnen möchte. Eilig hat sie oft die Brücke überquert, um an einen geheim gehaltenen Ort zu kommen. Im Wasser der Leine verschwand ihr ermordeter Liebhaber auf immer. Von Sophie Dorothea ist natürlich die Rede, von der »Königsmarck-Affäre« und von den langen Verbannungsjahren der »Prinzessin von Ahlden« weit draußen, dort auf einem einsamen Amtshof in dem flachen Land.

Im Historischen Museum hängt ihr Bild. Ein Brustbildnis ist es, mit einem großen Dekolleté, ohne dass der Brustansatz zu erkennen ist. Orangenblüten hat sie in dem kräftigen und kräftig gewellten Haar. Eine eindrucksvolle Nase, ein starker Mund, aus großen Augen mit schweren Augenlidern blickt sie den Betrachter an. Wahrscheinlich ist das Bild unmittelbar vor ihrer Hochzeit gemalt. In höfischer Pose tritt sie uns entgegen. Eine Frau, gezähmt im höfischen Ritual, was sie denkt, ist nicht zu ahnen. Es gibt ein anderes, noch jugendlicheres Bild: Sophie Dorothea als Flora, von dem Pariser Maler Henry Gasser ist es gemalt, auf Schloss Marienburg ist es aufbewahrt.

Im 19. Jahrhundert hat man einen treffenden und weit verbreiteten Stich davon gemacht. Auch hier die Orangenblüten im gewellten Haar. Aber der Körper strömt eine starke erotische Anziehungskraft aus, und das weiche Gesicht lässt die Schwärmerei erkennen, zu der diese Frau fähig ist, vielleicht auch die Entschlossenheit, ihren eigenen Weg zu gehen. Französisches Blut ist in ihren Adern, aber was erklärt das schon. Ein zunächst illegitimes Kind ist sie, stammt aus der langen Verbindung des Herzogs Georg Wilhelm, der nach seiner Abdankung in Hannover in Celle residiert, mit seiner schönen französischen Geliebten Eleonore d'Olbreuse. Nicht nur ihre Schönheit, vermutlich auch ihren Mut, Grenzen zu überschreiten, hat Sophie Dorothea aus ihrem Elternhaus geerbt. Kurfürstin Sophie jedenfalls schreibt das, was dann geschehen wird, sehr direkt ihrer Erziehung zu. Georg Wilhelm heiratet, entgegen dem Versprechen, das er seinem Bruder Ernst August bei der Weitergabe Sophies gegeben hat, seine Geliebte dann doch noch. Lässt die unstandesgemäße Ehe und die voreheliche Tochter kaiserlich legitimieren. Ernst August fürchtet den endgültigen Verlust des Fürstentums Lüneburg und drängt darauf, dass sein Sohn Georg Wilhelm seine nunmehrige Cousine, eben Sophie Dorothea, heiratet. 1682 sind die umständlichen Heiratsverhandlungen zum Abschluss gekommen. Damit nimmt das Unheil seinen Lauf.

Denn Sophie Dorothea ist nicht wie ihre Schwiegermutter, die Herzogin und spätere Kurfürstin Sophie. Am selbstbewussten und eindrucksvollen Auftritt einer Prinzessin fehlt es ihr nicht. Die Gräfin Aurora von Königsmarck, die später die Mätresse Augusts des Starken in Dresden sein wird, war beim hannoverschen Karneval 1692 dabei und hat in einem ausführlichen Bericht an die Königin Ulrike Eleonore von Schweden den Auftritt zweier Frauen beschrieben. Die eine ist die Tochter der Kurfürstin Sophie, Sophie Charlotte, die mit dem Kurfürsten von Brandenburg und späteren König in Preußen Friedrich III. (Friedrich I.) verheiratet war, oft bei ihrer Mutter in Hannover weilte und auf einer solchen Reise auch hier in Hannover gestorben ist.

Die andere ist Sophie Dorothea. Beiden Frauen wird von der Gräfin Aurora »vollendete Schönheit« attestiert und ein Reiz der Persönlichkeit, »den Worte nicht auszudrücken vermögen«. Über Sophie Dorothea heißt es: »Ihr Geist ist groß und stark, ihr Benehmen sehr edel, ihr Wesen etwas ernst und zurückhaltend, aber sanft und gleich bleibend. Sie besitzt Güte und Seelengröße, und es fehlt ihr nichts an dem, was einen vollkommenen Wert ausmacht«. Nun erhebt sich der tagelange Streit, welcher der beiden Prinzessinnen der Vorrang gebühre. Der Marquis von Spinola entscheidet diesen Streit dahin, »daß die eine eine bezaubernde, die andere eine tyrannische Schönheit besitze«. Aurora fügt hinzu: »In der Tat, die eine bezaubert und die andere bezwingt einen«.

Da ist die geheime Liebesbeziehung zwischen der »tyrannischen Schönheit« Sophie Dorothea und dem Bruder der Gräfin Aurora, dem Oberst Philipp Christoph von Königsmarck schon in vollem Gange. Ob Aurora von dieser Beziehung bei ihrer Schilderung der Kronprinzessinnen gewusst hat? Und ob Sophie Dorothea, in gekränktem Stolz, nach der Devise gehandelt hat: »Wie du mir, so ich dir«? Denn ihr Mann Georg Ludwig hat sich längst eine Mätresse zugelegt, Melusine von der Schulenburg, die er auch später, als er König von England wird, mit nach London nimmt und mit der er schon während seiner Ehe 1692 und 1693 zwei Töchter hat.

Kurfürstin Sophie gesteht ihrem Sohn das offensichtlich zu, aber nicht, dass ihre Schwiegertochter deren Mann zum Hahnrei macht. Sophie Dorothea denkt da völlig anders, und die Rache der absolutistischen Männerherrschaft (mit einer Frau, der offenbar gekränkten Mätresse Ernst Augusts als Drahtzieherin im Hintergrund) wird furchtbar sein.

Die Liebesbeziehung zwischen Sophie Dorothea und dem brandenburgischen Grafen in hannoverschen Diensten (sie kannten sich schon von Kindheit an und von Celle her) beginnt offenbar im Jahre 1690. Erstaunlicherweise sind die vielen hundert Briefe, die die beiden sich schrieben, in schwedischen Archiven und im Preußischen Staatsarchiv (von Friedrich dem Großen eigenhändig versiegelt) erhalten. Eine »amour fou«, eine alles sprengende Leidenschaft entwickelt sich. Eifersucht bei der kleinsten sich bietenden Gelegenheit und Androhung von Konsequenzen. »Indessen hat mich Ihre verächtliche Art und Weise zu dem Entschluß gebracht, übermorgen fortzugehen« (Königsmarck an Sophie Dorothea). Furchtbare Angst, wenn der Geliebte in der Schlacht ist. »Ich habe zwei Tage und zwei Nächte in der tödlichsten Unruhe verbracht; und ich glaube nicht, daß jemand so viel gelitten hat« (Sophie Dorothea an Königsmarck am 1.8.1692). Eifersuchtsszenen noch und noch, Treueschwüre. »Das ist ein schöner Grund mich zu verlassen, mich, die ich Könige und die Welt dazu aufopfere, um bei ihnen zu sein. Seien Sie überzeugt, daß alle die schrecklichsten Gefahren und sogar den Tod, wenn ich ihn vor meinen Augen sähe, mir niemals den Gedanken kommen lassen würden, Sie zu verlassen, da es mir unmöglich ist, ohne Sie zu leben, und Sie alle meine Freude und mein ganzes Glück ausmachen« (Sophie Dorothea an Königsmarck). Nur seine Untreue, nichts anderes fürchtet sie. Königsmarck erwidert in gleicher Weise. »Nein, ich habe nicht Gewalt genug über mich, Sie zu lassen, und wenn nicht der Tod darüber entscheidet, so werde ich Sie niemals verlassen. Sollte ich vergiftet, massakriert, gerädert oder lebendig verbrannt werden, ich werde es nicht tun und ich werde es nicht tun können«.

Königsmarck tritt im Frühjahr 1694 vom hannoverschen in den sächsischen Dienst über. Noch einmal kehrt er nach Hannover zurück, wahrscheinlich um mit Sophie Dorothea zu fliehen. Am Abend des 1. Juli verlässt er sein Haus, wird gesehen, wie er ins Schloss geht, und bleibt verschwunden. Die Recherchen des Historikers Georg Schnath haben ergeben: von vier Hofbeamten ist er ermordet worden, den tödlichen Streich führte wahrscheinlich Graf Montalban, der mit 15000 Talern aus der Hofkasse zum Schweigen gebracht wurde. Der Leichnam wurde, mit Steinen beschwert, in der Leine versenkt. Die Ehe zwischen Georg Ludwig und Sophie Dorothea wird noch im Dezember 1694 aufgelöst, die Prinzessin bis an ihr Lebensende auf Schloss Ahlden verbannt. Ihre beiden Kinder und die ganze hannoversche Familie hat sie nie wieder gesehen.

Ich fahre gerne gelegentlich nach Ahlden hinaus, ein Ort der Ruhe und der Beschaulichkeit. Bis Westenholz auf der Autobahn, und dann, über Hodenhagen, sind es noch etwa zehn Minuten. Ich sitze dann, dem Schloss gegenüber, am Eingang des Dorfes an der Badestelle der Alten Leine, die zurzeit Sophie Dorotheas wohl noch direkt durch Ahlden floss. Da konnte sie flussaufwärts träumen. Einige Jungen baden in dem kleinen Teich und in dem schmalen Graben, der aus der Aller kommt. Zum Schloss gehe ich hinüber durch die drei großen Reihen von Kastanienbäumen. Eigentlich kein Schloss, ein Amtshaus ist es. Der Querbau mit der breiten Durchfahrt des Ziegelbaus mit der Inschrift, die auf Herzog Christian verweist, der 1613 auch schon einmal Bischof, diesmal des Stiftes Minden war.

Der südliche Trakt ist älter und trägt in schönem Schnitzwerk die Jahreszahl 1519. Ein Auktionshaus ist jetzt in dem Schloss, an den Tagen der Vorbesichtigung kann man durch die Räume streifen. Aber stärker als drinnen trifft mich draußen, auf den Wegen durch die Wiesen und durch das Dorf, die Melancholie der Landschaft. Zweiunddreißig Jahre, von 1694 bis zu ihrem Tod am 13. November 1726, ist die – anfangs doch noch junge Frau – hier verbannt gewesen. Hoffentlich hat sie eine Kopie des schönen Bildes mit ihren beiden Kindern mitgehabt, das im Boman-Museum in Celle zu sehen ist (von 1691 wahrscheinlich). Georg August, 1683 geboren, der in starker Opposition zu seinem Vater lebte, 1714 unter Zurücklassung seines Sohnes mit nach England musste und bis zum Tod seines Vaters nicht wieder nach Deutschland und Hannover durfte. Seine Thronbesteigung als Georg II. von England 1727 hat Sophie Dorothea nicht mehr erlebt.

Die Heirat ihrer 1687 geborenen Tochter Sophie Dorothea II. 1706 mit ihrem Vetter, dem Kronprinzen Friedrich Wilhelm von Preußen, der dann bald als Friedrich Wilhelm I., der Soldatenkönig, König von Preußen wurde, hat die Verbannte sicherlich erst mit einiger Verspätung erfahren. Von der Geburt des Enkels Friedrich, den man später »den Großen« nennen wird (1712), wird Ähnliches gelten. Ja, die Königsmutter. Ob sie dem nachgesonnen hat, wie es wäre, wenn sie jetzt noch an der Seite ihres Mannes und Königin von England wäre? Die 3 oder 4 Jahre ihrer engen Verbindung mit dem Grafen Königsmarck hat sie sicher in allen Einzelheiten wieder und wieder nacherlebt. Hat sie das bereut? Wir wissen nichts, absolut nichts darüber. Aber man kann auf den Wegen wandern, die sie ging, und sich seine eigenen Gedanken machen.

Ein wenig Legende geht noch in dem Dorf herum. Von Brandkatastrophen ist Ahlden immer wieder heimgesucht worden, und bei einem der Brände, so erzählt die nette Inhaberin des Kolonialwarenladens, habe die Prinzessin in Person geholfen und habe hinterher noch Paramente für den Altar der Kirche gestickt. Das Haus gegenüber mit der Jahreszahl 1735 erinnert an die Zeit: »Gott behüt vor Krieg und Brand und segne uns mit milder Hand«.

Nach einem Brand hat man dann die Scheunen außerhalb des Dorfes gebaut, und so ist das interessante Scheunenviertel entstanden, das langsam zu aparten Wohnquartieren umgebaut wird. Auf dem winzigen Judenfriedhof, vom christlichen Friedhof durch eine Straße und ein Haus getrennt, stehe ich lange. Jette Levi aus Bücken, die in Ahlden wohnte, ist da begraben am 2. März 1867 und manche anderen. Ganz verwitterte Steine stammen sicher aus der Zeit der Sophie Dorothea. Die Ahldener Juden, das war einst eine eigene Welt. Eine Nachbarin kommt mit einer Karre, stellt sie hin und schweigt. »Man kann darüber denken, was man will«, bekomme ich schließlich aus ihr heraus. »Aber wenn die nur zwei Mal im Jahr zum Saubermachen kommen. Wie sieht das hier aus«. Ich versuche ihr klarzumachen, dass es vom jüdischen Glauben her wichtig ist, die Ruhe der Toten nicht zu stören. Sie schweigt weiter, nimmt die Karre und zieht davon. – Ja, die äußere und die innere Einsamkeit der Sophie Dorothea in jenen langen Jahren, ich kann das mehr und mehr erahnen.

Zurück von Ahlden nach Hannover. Der Landesherr ist mit großem Anhang nach London abgezogen, ist sogar König geworden, und wenn Georg I. oder Georg II. ihre Heimat besuchen (und dies geschieht bei den beiden häufig), dann sind das große Festtage für das ganze Land. In der Zwischenzeit nehmen der Adel und die Stadtpatrizier, die »hübschen Familien«, das gesellschaftliche Zepter in die Hand, und auch Hannovera trägt mehr und mehr ein bürgerliches Gesicht. Johann Georg Zimmermann, der 1768 aus der Schweiz zum »Ersten Leibarzt« nach Hannover berufen wird und der bald *der* Leibarzt der führenden Familien wird, den auch Friedrich der Große an sein Sterbebett rufen lässt, zeigt sich bei seiner Ankunft begeistert über das rege gesellschaftliche Leben in der Stadt. Zwar beurteilt er die Witterung als »erbärmlich«. »Die Luft ist hier sehr ungesund ... Es sterben hier in Hannover an der Schwindsucht mehr Leute in einem Jahr, als vielleicht in gleicher Zeit in der ganzen Schweiz«. Aber die Anteilnahme an seiner Person ist unvergleichlich, die Lebenskunst superbe (»man ißt und trinkt hier so gut als in London und Paris«) und die »Assembleen« in irgendwelchen vornehmen Häusern oder Gasthäusern lassen ihn keinen Abend zu Hause sein.

An einem ganz gewöhnlichen Freitag beispielsweise ist Zimmermann im Club auf der Neuen Schenke in der Calenberger Neustadt, den Hofassessor von Wüllen gegründet hat. Eine Gesellschaft von 80 Personen ist beisammen, die jede Woche gehalten wird. Man plaudert, man spielt, man hört Musik: »auf französisch wird coquettiert, auf französisch gescherzt, und auf französisch geküsst ... Unmöglich würden Sie sich ... einbilden können, dass wir alle zusammen Unterthanen des Königs von England sind« (Brief vom 25. 11. 1769 an seinen Vetter in der Schweiz). Die Zeit des Französischen geht langsam zu Ende, die französische Revolution mit der anfänglichen Begeisterung vieler und der dann folgenden Abwendung fast aller steht am Horizont. Die Zeit der Rückbesinnung auf das Deutsche setzt ein, und im letzten Viertel dieses Jahrhunderts und darüber hinaus ist eine der bekanntesten Persönlichkeiten in der Stadt wieder eine Frau, die ihre Berühmtheit dem »Sturm und Drang« verdankt. Charlotte Kestner, geborene Buff.

Die Vorgeschichte spielt außerhalb Hannovers und ist bekannt. Charlotte Buff ist die Tochter eines Amtmanns beim Deutschordenshof in Wetzlar, die Mutter ist gestorben, die Neunzehnjährige übt Mutterpflichten an den zahlreichen Geschwistern. Goethe, der am Reichskammergericht in Wetzlar ist, lernt sie am 9. Juni 1772 auf einem Ball bei Freunden in Volpertshausen bei Wetzlar kennen. Goethe, drei Jahre älter als sie, verliebt sich »unsterblich« in das frische Mädchen. Aber Lotte ist seit vier Jahren verlobt, mit dem hannoverschen Gesandschaftssekretär Johann Georg Kestner, den sie nicht zu verlassen gedenkt, wenngleich die

Schwärmerei Goethes sie offensichtlich nicht unberührt gelassen hat: Die Liebe Goethes zu ihr macht wohl für beide den Sommer 1772 zu einem unvergesslichen Erlebnis. Am 11. September 1772 flieht Goethe aus der Aussichtslosigkeit dieser Beziehung. Bald darauf heiraten die Kestners, Goethe kauft die Brautringe und erhält den Brautstrauß der Lotte, mit dem er einen seltsamen Kult treibt.

Ein Ereignis kommt hinzu. In der Nacht vom 29. zum 30. Oktober 1772 erschießt sich in Wetzlar mit Kestners Pistole der Sohn des berühmten Wolfenbütteler Theologen Karl Wilhelm Jerusalem. Die Motive sind wahrscheinlich die Liebe zu einer verheirateten Frau und eine außerordentlich kränkende Herabsetzung des Bürgerlichen in einer adligen Gesellschaft. Goethe schiebt die beiden Begebenheiten (einschließlich der Episode auf der Adelsgesellschaft) ineinander, schreibt wie in einem Rausch innerhalb weniger Wochen im Frühjahr 1774 »Die Leiden des jungen Werther«. Die Liebesbegegnung mit Charlotte Kestner geborene Buff nimmt jenes tragische Ende mit dem Selbstmord des unermesslich Liebenden, der keinen Ausweg weiß.

Das Buch erscheint, und es wirkt wie ein Orkan. Die Periode des »Sturm und Drang« hat in diesem Buch seinen deutlichsten Ausdruck gefunden. Es hat das Leben vieler Menschen verändert und nicht zuletzt das der Charlotte Kestner, die auf einmal eine Berühmtheit war, eben »Werthers Lotte«. Eine Selbstmordepidemie zieht durch das Land, eine Hysterie ohnegleichen, eben die »Wertherzeit«. Zumindest im Roman beginnt das Bürgertum seine Rolle zu begreifen, und die setzt mit Depression und Leiden an. Ein Imitationsdrang setzt die hochgestimmte Sensibilität ins Äußere.

Die Werther-Kleidung wird zur Mode: gelbe Weste, blauer Frack, gelbe Beinkleider. Die Disproportion der Wünsche mit dem Leben führt nach innen. »Das alles, Wilhelm, macht mich stumm. Ich kehre in mich selbst zurück und finde eine Welt«. Der Umbruch der Zeit liegt in der Luft, die vorrevolutionäre Unruhe ist überall zu spüren, in privaten Exzessen wird sie ausgelebt. Die Zeit der neuen Subjektivität ist angebrochen, aber die Zeichen stehen schlecht. »Nein, er ist nicht zu retten«, meint der Amtmann im »Werther« über den unglücklichen Knecht. Werther wiederholt in seinem Leben genau dieses Motiv. Eine Geschichte mit tödlichem Ausgang ist es, und das Weinen ist unendlich.

Noch bevor der Roman erscheint, sind die Kestners nach Hannover umgezogen, Johann Christian hat eine Stelle am Calenberger Archiv bekommen, wird später Archivsekretär und Hofrat. Nach kurzer Zeit ziehen sie in ihr neues Haus im Beamtenviertel in der Aegidien-Neustadt mit dem großen Garten. Als der Roman erscheint, ist man in Hannover zunächst peinlich berührt, vor allem Johann Christian kann sich mit seinem Ebenbild im Roman in keiner Weise anfreunden, mit diesem »elend Geschöpf von einem Albert«, der »so zu einem Klotze« gemacht worden ist. Aber auch in den Ereignissen um Lotte verlangt er von Goethe Korrekturen. Allmählich arrangiert man sich mit diesem Spiegelbild, besonders als man das Maß an Berühmtheit begreift, das die Kestners durch den »Werther« gewonnen haben. Noch nach Jahrzehnten kommen Leute extra nach Hannover gereist, um »Werthers Lotte« wenigstens zu sehen.

Die nächste Zeit ist dann eher prosaisch. In 27 Ehejahren bringt Lotte 12 Kinder zur Welt, und die Freundinnen moquieren sich allmählich, wenn Charlotte schon wieder schwanger ist. Das Haus in der Nähe des Aegidientores bleibt gesellig, aber Lottes Heiterkeit verschwindet. In den Briefen von Luise Mejer, die zu dem Freundeskreis um Charlotte Kestner gehört, über die ich gleich noch einiges erzählen werde und der ich jedes Wort glaube, kann man das gut verfolgen.

Der wachsende Konflikt zwischen Realität und Fiktion setzt ihr offensichtlich zu. »Glaub mir, das gute Weib verbittert sich ihr Leben durch den verwünschten Neid, es ist arg mit ihr«, schreibt Luise an ihren Freund am 21. 7. 1780. Sie trauert anscheinend doch einer großen Liebe nach, versucht, den eleganten und weltläufigen Basil von Ramdohr, der später ein berühmter preußischer Diplomat wird, an sich zu fesseln. In einem Eklat geht das 1781 zu Ende. »Sie hat Ramdohr gebeten, sie nicht zu verlassen: was sonst die Leute sagen würden? Ramdohr bleibt unerbittlich. Den folgenden Morgen läßt sie ihn zu sich bitten, weint, macht ihm Vorwürfe, dass er keiner wahren Freundschaft fähig ... Ramdohr wird insolent, sagt ihr bittere Wahrheiten, daß sie zu eitel sei und keine Frau, gegen die man wahre Achtung haben könnte – und so verläßt er sie« (18. 8. 1781). Die Beziehung der Ehegatten wird gespannt. Im Freundeskreis wird Johann Christian nur noch »Albert« genannt, in dem Konflikt mit Ramdohr und auch sonst muss er eine eigenartige Rolle gespielt haben. »Alberts Betragen ist so dumm, dass ich gar nicht davon schreiben mag«. Mit Eifersucht umzugehen, ist er gewohnt, aber das hat ihn nicht geschickter gemacht.

Seine Begeisterung für Laurence Sterne könnte mich ein Stück mit ihm versöhnen, aber aus den Briefen Luise Mejers bekomme ich doch den Eindruck, dass die Beschreibung Alberts im »Werther« an dem Profil seines Vorbildes nicht so weit vorbeigeht. Herzlich gut meint er es immer, aber er ist umständlich, schlicht langweilig. »Heut Abend kommt Kestner wieder«, schreibt ihre Freundin, Frau von Pestel an Luise, »das ist unausstehlich«. Ja, »Albert« scheint selbst für Luise, die ihre positivere Grundeinstellung zu den Menschen auch gegenüber Johann Christian nicht verleugnet, zu einem Synonym für Langeweile und Unsensibilität geworden zu sein. »Jennys Mann ist ein ›Albert‹, wie es scheint, ich begreife nicht, wie sie ihn gewählt« (Brief vom 16. 8. 1781). Am 14. Mai 1800 wird Johann Christian plötzlich in Lüneburg sterben, und Charlotte wird es nicht schaffen, in den drei Tagen bis zu seiner Beerdigung nach Lüneburg zu kommen.

28 Jahre lebt sie dann noch allein, immer stärker zieht sie sich zurück. Tendenz zur Weltflucht hat sie schon früh gehabt. »Von der Kestnern hab ich wieder einen Brief. Armes Weib! Dass doch so wenige Menschen glauben wollen, daß es oft schwerer zu leben wie zu sterben ist« (Brief Luises vom 16. 6. 1782). Ihr Bild, das kurz nach ihrem Tod gemalt ist und im Historischen Museum hängt, zeigt eine

müde ältere Dame mit Witwenhaube und großen Augen, die die Einsamkeit um sie herum spüren lässt.

Das Jahr 1816 bringt dann noch einmal ein großes Ereignis: Charlotte Kestner fährt im September mit ihrer Tochter Clara nach Weimar, um dort ihre Schwester Amalie und ihren Schwager zu besuchen, und trifft dabei Goethe wieder. Die Ernüchterung ist da, die Charlotte von Stein in spitze Worte fasst: schwer denkbar, dass sich ihretwegen jemand eine Kugel in den Kopf schießt. Aber es ergibt sich doch eine nette, allgemeine Konversation, und Goethe stellt den hannoverschen Damen für die Zeit ihres Aufenthaltes seine Loge im Hoftheater zur Verfügung.

Thomas Mann hat diese Tage in seinem Roman »Lotte in Weimar« mit sublimem Humor gestaltet, und auch hier ist die dichterische Version sicher eindrücklicher, als es die reale gewesen ist. Die unendliche Verehrung, die »Werthers Lotte« genossen hat, kommt in der überschwänglichen Suada des Kellners Mager im »Elephanten« noch einmal schön heraus. »Wenn ich denke, wie oft Madame Mager und ich uns zusammen bei der Abendkerze mit zerflossenen Seelen über diese himmlischen Blätter gebückt haben, und mir in einem dann klarmache, daß in diesem Augenblick die weltberühmte und unsterbliche Heldin derselben mir in voller Leiblichkeit, als ein Mensch wie ich ...«

Wenn ich über den Gartenfriedhof an der Marienstraße gehe, bleibe ich eigentlich immer einen Augenblick an dem Grab der Charlotte Kestner rechts hinter der Gartenkirche stehen. Laves hat mit einem klassizistischen Kubus und Schneckenornamenten dieses Grab würdig gestaltet. Eine ganze Welt schlummert doch mit dieser Frau im Grab. Die intensivste Nachwirkung hat sie, zumindest bei Goethe, mit ihrer Unerreichbarkeit gehabt. So bleiben wir alle ein ganzes Stück weit unerreichbar füreinander. Auch in der Erinnerung ist das so.

Eine andere Frau aber ist mir so nahe, als ob es meine Schwester wäre. Es ist erstaunlich, wie man sich in Briefe so sehr hineinbegeben kann, dass man das Herz schlagen hört.

Zu meiner Standardlektüre gehört der im Beck-Verlag München 1963 und 1975 erschienene Band »Ich war wohl klug, als ich dich fand. Heinrich Christian Boies Briefwechsel mit Luise Mejer 1777–1785«.

Als der Briefwechsel einsetzt, ist Luise Mejer ein schon älteres, unverheiratetes Mädchen von 30 Jahren. Sie hat ihre geliebte Mutter früh verloren, hat eine nahe Freundin zu Tode gepflegt, dann ihren Vater, dann ihren älteren, verheirateten Bruder und dessen Frau. Dann ist sie selbst kränklich geworden und lebt mit ihrem schwierigen, jüngeren Bruder George in sehr bescheidenen Verhältnissen in einer kleinen Wohnung in der Burgstraße. Dicht am Leintor muss das gewesen sein, Luise ist schnell auf der Esplanade, die von der Calenberger Neustadt zum späteren Waterlooplatz führt und auf der sie gerne mit ihren Freundinnen promeniert. Der älteste Bruder des Vaters, ein ungeliebter kinderloser Sonderling, wohnt in dem Familienhaus, das ebenfalls in der Burgstraße ist. Dort hinein wird Luise, gezwungenermaßen, auch noch einmal ziehen und später in die Aegidien-Neustadt. Krank, mittellos, in der Verwandtschaft herumgestoßen.

Aber Luise Mejer ist keine alte Jungfer. Sie ist im Freundeskreis und in der Familie (mit Ausnahme eben des Geheimen Justizrats Mejer) geliebt, ja, sie wird verehrt. Ihre Sanftmut wird gerühmt, aber auch ihr heller, nüchterner Verstand. Belesen ist sie (»man stopft hier die Menschen mit Lektüre, wie man Gänse mit Nudeln stopft«), ihr Urteil wird gesucht und gefragt in den Häusern Kestner und Nüper und Brandes und wie sie alle heißen. Da ereignet es sich, daß Heinrich Christian Boie in ihr Leben tritt, und ihre Liebe zu ihm macht sie doppelt schön.

Heinrich Christian Boie, Sohn eines Pastors und Propstes in Flensburg, hat in Jena Theologie und dann Jura studiert und kommt als Hofmeister englischer Studenten nach Göttingen. Dort wird er, der literarisch hoch Engagierte, zum Organisator des »Göttinger Hain«, jenes berühmten Zusammenschlusses junger, romantischer Lyriker, zu denen Hölty, Miller, der Graf Stolberg und andere gehören. Von

1770 bis 1775 gibt er den »Musenalmanach« heraus. Als Letzter der Freunde verlässt er 1776 Göttingen, seine eigene literarische Begabung ist begrenzt, und so vertraut er in richtiger Selbsteinschätzung wieder seinem juristischen Können. 1776 wird er Stabssekretär des Feldmarschalls von Spörken in Hannover, und zieht von dort 1781 als Landvogt von Süderdithmarschen nach Meldorf, wo er bis zu seinem Tode (1806) bleibt.

Am 2. September 1776 lernen sich Luise und Boie im Hause des Hofrates Brandes kennen. Boie kommt von einem Sterbelager: sein Hainbund-Freund Ludwig Christoph Heinrich Hölty ist am Abend zuvor in seinem Zimmer in der Leinstraße 8 (heute gegenüber der Markthalle) gestorben. Er hat Boie rufen lassen. Dieser fand den Pastor der Aegidienkirche vor und die Stube voller Menschen. Hölty reichte ihm noch die Hand, wollte reden, legte den Kopf in Boies Arm und verschied. Der heftige Trennungsschmerz führt Boie und Luise zusammen, Luise muss Abschied nehmen von ihrer besten Freundin, die nach Celle zieht. Luise wird diese Tage in ständiger Erinnerung halten. »Heute sinds fünf Jahre, als Hölty starb – du von dem Sterbebette deines Freundes zu der Pestelnn kamst und mir lieb wurdest, denn es war nun nicht mehr Ahndung, es ward mir den Tag Gewissheit, daß du ein empfindendes, zu echter Freundschaft gestimmtes Herz hättest« (Nachtrag zum Brief vom 24. 8. 1781 am 2. 9.).

Solange Boie in Hannover ist, sind die Briefe selten, und man erfährt von dem, was vor sich geht, eher durch Briefe Luises an ihre Freundinnen außerhalb. 1778 hält Boie um die Hand Luises an, und Luise – lehnt ab. Dieser Brief an ihre Freundin Luise von Pestel in Celle vom 15. September 1778 ist das erste große Zeugnis ihres Geistes und ihrer Seele. Sie liebt ihn, aber hat das Gefühl, dass sie Boie nicht ganz glücklich machen kann. Sie hat kein Geld, ist nur zwei Jahre jünger, hat Verwandte, die ihm Schwierigkeiten machen werden (»der Alte, der mir nicht gut ist«). Boie wird eine andere Frau finden, die ihn *ganz* glücklich machen kann. »*Du* musst Boie davon überzeugen«, schreibt sie, »du mußt ihn für sein eigenes Herz retten«. Und wenn er dann eines Tages heiratet: »Ich würde ihn mit seiner Frau um die Wette lieben«.

Als Boie dann in Meldorf ist und die Briefe zu einer Regelmäßigkeit werden, legt Luise ihre liebende Seele ganz in ihre Briefe hinein. Und das, was sie zu Papier bringt, übersteigt an Qualität die Briefe des Schriftstellers Boie um Etagen. Boie selbst hat das gefühlt: »Meine Briefe, dünkt mich, sind entsetzlich leer, kalt und kahl« (25. 7. 1780). Mit dieser Innerlichkeit einer Beziehung kommt Boie einfach nicht mit. »Ich *will* deine Abwesenheit nicht fühlen und fühle sie jeden Augenblick«, schreibt Luise (4. 6. 1779).

Nüchterne Erkenntnis über die Männer: »Leider ist die Liebe der mehrsten Männer nur im Blute, nicht im Herzen« (27. 9. 1779). »Boie, zürne jetzt nicht mit mir, wenn meine Briefe eine schwermütige Falte im Herzen verraten, glaub mir, ich bin viel ruhiger, nun du fort bist, ich bin so fest in mich selbst gehüllt, bin so einsam, daß, wenn ich nicht wüßte, der Himmel sieht auf mich herab, ich mich allein glaubte in der ganzen Natur« (18. 5. 1780). »Ach, Boie! Erinnerung macht glücklich und unglücklich« (2. 6. 1780). Boie besucht seine Schwester: »Sag mir's ja, wenn sie zärtlicher als deine Luise ist, denn das ertrage ich nicht« (8. 6. 1780).

Die ganze Ambivalenz der Liebe kann sie so herrlich ausdrücken. »Ich fliehe mich selbst – fliehe den Gedanken, daß ich dich nicht mehr habe, und fühle ihn wie einen Dolch im Herzen. Meine Vernunft webt sich einen Vorhang vor die Vergangenheit, aber ich fürchte, meine Einbildung zerreißt die dünnen Fäden, und der Schleier wird nie fertig« (25. 3. 1781). Sie wünscht sich die Sprache der Liebe von Rousseau: »Empfindungen will ich nicht borgen, nur die Kunst, sie an den Tag zu legen, wünscht ich mir mehr« (24. 8. 1781). Ein traditionelles Frauenbild hat sie auch in sich, regt sich über die Fürstin Gallitzin auf, die in Göttingen mit Beinkleidern in die Leine geht. »Aber die Sonderbarkeit so weit treiben, daß sie es ganz vergisst, daß sie ein Frauenzimmer« (7. 9. 1781). Aber dann immer wieder diese Fähigkeit, sich sowohl in seiner Gestimmtheit wie in seiner

Beziehung auszudrücken: »Wenn meine Seele en négligé ist, mag ich nicht vor dir erscheinen« (17. 9. 1781). Seitenlang möchte ich so aus den Briefen dieser Frau zitieren. »Mein Herz ist mir leer – ich habe meine eigene Welt, und das ist nicht die Welt, die mich umgibt« (7. 1. 82). Luise an Boies Geburtstag: »Ich ging diesen Morgen fünf Uhr in den Garten des Hauses, das du hier bewohntest. Eine Stunde blieb ich und dachte mir vergangene Freuden. Mir war so feierlich, als ob dein Genius da herum wandelte, meine Empfindungen erriete, und mitleidig mich trösten wollte. Ach, Boie, verzeih meinem Herzen« (8. 7. 1782).

Nachdem verschiedene Heiratspläne Boies sich zerschlagen hatten, hat Luise Boie doch noch geheiratet. Die Hochzeit findet, wahrscheinlich am 21. 6. 1785 in Meldorf in aller Stille statt. Die Ehe ist kurz, Luise stirbt am 16. 7. 1786 im ersten Kindbett. Und ob die Erfüllung gehalten hat, was die Sehnsucht versprach? Das Wesen des Menschen sei in seiner Sehnsucht, hat der Psychoanalytiker Lacan gesagt, und der Jubelschrei des Kindes vor seinem Spiegelbild gehe nicht auf das, was es ist, sondern auf das, was aus diesem Menschen noch einmal werden kann. Ganz und vollkommen ist Luise Mejer in ihrer Sehnsucht, und aus den Häusern und Straßen und Gärten dieser Stadt hat ihre Sehnsucht die Flügel weit ausgespannt.

Ich bleibe noch einen Augenblick in diesem unteren Bereich der Innenstadt Hannovers an der Leine. Gegenüber dem Schloss in der Leinstraße stand früher das »Alte Palais«, das als eigentlicher fürstlicher Wohnbereich, später auch des Königspaares, diente. Hier sind im Jahre 1776 und 1778 die beiden späteren Königinnen Luise von Preußen und Friederike von Hannover als Geschwisterpaar zur Welt gekommen. Der Vater war der spätere Großherzog Karl von Mecklenburg-Strelitz, der – als Schwager des englischen Königs Georg III. – Generalleutnant der hannoverschen Armee und Gouverneur der Stadt Hannover ist.

Da die Mutter Friederike aus dem Hause Darmstadt schon 1782 stirbt und auch die zweite Frau des Prinzen Karl, die jüngere Schwester der Friederike, das Kindbett nicht überlebt, kommen die zehn- und achtjährigen Schwestern zur weiteren Erziehung zu der Großmutter nach Darmstadt. Erst als Königin zieht die Tochter Friederike wieder in das ihr wohl bekannte Palais an der Leinstraße ein.

Im Grunde aber interessiert mich an der Königin Friederike nur ein einziges Bild. Genauer: eine einzige Skulptur. An der Eilenriede, in der Hohenzollernstraße, da, wo die Yorkstraße in die Hohenzollernstraße mündet, steht das »Königinnendenkmal«, das Johann Gottfried Schadow geschaffen hat. Im Winter ist es durch eine Holzverpackung geschützt, aber die längste Zeit des Jahres ist es mit seinem leuchtenden Marmor schon von weitem zu sehen. Das Originalmodell, in Gips, steht in der Friedrichswerderschen Kirche in Berlin, nicht weit vom Domplatz. Noch schöner ist es eigentlich als der Marmorguss, der auch in Berlin zu finden ist: rauer noch, erdhaft, ganz unmittelbar.

An antiken Vorbildern ist Schadow geschult, und diese Sicht des Menschen verbindet sich mit einer unmittelbaren Erfahrung von Sinnlichkeit und Körperlichkeit. Lang fallen bei beiden Prinzessinnen, entgegen dem modischen Zeitgeschmack, die lockeren antiken Gewänder. Luise ist ganz Würde, die aufrechte Haltung, das obligate Halstuch verdeckt die Hasenscharte. Hand- und Beinhaltung – die Beine sind übergeschlagen – voller Grazie. Das verspielte Gewand der Friederike nimmt die spielerische, fast kokette Haltung des Kopfes wieder auf und charakterisiert die Person wohl auf das trefflichste. Ungewöhnlich die Wärme und Innigkeit der geschwisterlichen Umarmung. Luise umarmt die Schwester ganz fest, und Friederike greift nach ihrer Hand. Als eine der schönsten klassizistischen Figurenkompositionen haben Kunstkenner das Werk bezeichnet.

Ganz aus der Atmosphäre am Hofe des kunstsinnigen und festfreudigen Friedrich Wilhelm II. sei es gestaltet. Als die Marmorgruppe 1797 fertig war, war freilich schon Friedrich Wilhelm III. an der Regierung, den Luise 1793 geheiratet hatte, und es wehte ein anderer, sittenstrenger Geist. »Mir fatal«, soll der König zu der Skulptur der Prinzessinnen geäußert haben, und die Figurengruppe seiner Frau mit ihrer Schwester verschwand von der Bildfläche und tauchte erst im 20. Jahrhundert aus den Abstellkammern wieder auf. »Mir phantastisch«, möchte ich dem Slogan des Königs trotzig entgegensetzen, und ich halte oft an dem Königinnendenkmal an, wenn ich durch die Hohenzollernstraße fahre. – Die hannoversche Gruppe hat übrigens Kaiser Wilhelm II. nach Hannover mitgebracht: Valentino Casal hatte eine Nachbildung der Schadowschen Gruppe aus Pentelischem Marmor 1910 geschaffen. Der im Krieg zerstörte Kopf der Luise wurde 1948 von Ludwig Vierthaler ersetzt.

Über das weitere Leben der Friederike muss ich nicht viel erzählen. Sie praktiziert noch einmal die enge geschwisterliche Umarmung: die beiden Hannoveranerinnen heiraten die beiden Preußen, Luise den Kronprinzen und Friederike seinen Bruder, den Prinzen Ludwig. Friederike ist da erst 15 Jahre alt. Die Ehe ist unglücklich, mit 18 Jahren ist Friederike Witwe und hat drei Kinder. Die nächste, nicht ebenbürtige Ehe mit Prinz Friedrich von Solms-Braunfels, die sie 1798 eingeht, ist eine Katastrophe und wird geschieden. Ich bin oft in Braunfels, meine Frau stammt aus dem Nachbarort, gehe gern in das Schloss, dem ein Hannoveraner, der Baumeister der großen Synagoge, Edwin Oppler, die vielen Türmchen und Zinnen aufgesetzt hat.

Immer wieder stehe ich kopfschüttelnd vor dem Bild des Prinzen Friedrich, das auf der Schlossführung neben dem Bildnis der Friederike hängt: ein so degeneriertes Gesicht erblickt man selten. Die Zeit der dritten Heirat mit dem späteren hannoverschen König Ernst August waren sicher ihre ruhigsten und ausgeglichensten Jahre. Der restaurativen Haltung Ernst Augusts, der als erstes nach der Auflösung der Personalunion mit England und seiner Thronbesteigung 1837 das liberale Staatsgrundgesetz liquidierte und die dagegen protestierenden »Göttinger Sieben« auf die Straße setzte, hatte Friederike nichts entgegenzusetzen. Eine Ironie unserer Zeit ist es, dass die Göttinger Sieben auf dem Platz neben dem Schloss mit einem Denkmal geehrt werden, das in seiner ganzen Haltung eher dem restaurativen Geist Ernst Augusts entspricht als dem der »Göttinger Sieben«. Selten macht man sich auch klar, dass – bei den rudimentären Deutschkenntnissen Ernst Augusts – die Umgangssprache der beiden Eheleute Englisch war. »That ist death« sind die letzten Worte Friederikes auf ihrem Sterbebett, und Shakespeares Todesszenen stehen sofort vor meinen Augen. Ernst August hat ihr ein treues Andenken bewahrt und ihren Namen mit der Unterstützung, fast kann man sagen, mit der Stiftung des »Friederikenstiftes« in unsere Zeit hinübergerettet. Dort in dem Vorsteherflur hängt sie neben der geistigen und geistvollen Begründerin des Stiftes, Ida Arenhold, und sieht in ihrem Alter aus wie damals eine »Friederike«.

Mein unauffälliger Ariadne-Faden durch Hannovera bleibt an der Leine und mündet bei den Nanas. Wer mag sie indessen nicht, die drei tanzenden, geradezu swingenden Riesendamen der Niki de Saint-Phalle. Die wütenden Proteste der Hannoveraner, die 2000 Menschen 1974 zu einer Podiumsdiskussion in die Stadthalle und zur stillen Beendigung von Martin Neuffers Straßenkunstprojekt führte, sind vergessen. Was heißt hier unmoralisch und obszön?

Die Maßstäbe verändern sich, und die im Kloster erzogene Künstlerin inszeniert nach meinem Empfinden geradezu einen liturgischen Tanz. Einen Tanz der Lebensfreude und der Bejahung des Menschen und dieser Welt. »Vorboten eines neuen matriarchalischen Zeitalters« seien sie, hat Niki de Saint-Phalle gesagt. »Sie repräsentieren die unabhängige, gute, gebende und glückliche Mutter«. Ganz Körper sind sie, ganz im Augenblick lebend und ohne Scheu vor den Blicken anderer. Anderenorts kann man, wie bei der Riesen-Nana im Moderna Museet in Stockholm, in sie hineinkriechen, sich in sie bergen, oder, wie in dem Tarot-Garten in Garavicchio in der Toskana, in ihnen wohnen. Ein Denkmal der Lebensfreude und der guten Kräfte in dieser Welt sind sie geworden, und die Menschen in Hannover haben das begriffen.

Räumlich ist es ein kurzer Weg von der ersten anonymen Frau am Rathaus, dem blinden Mädchen am Sarge Bernwards, bis zu den anonymen Nanas hier am Leineufer. Geistig und geschichtlich ist es ein unendlich weiter Weg. Um

Heil und Heilung kreist aber doch alles. Eine Bischöfin hat sich die Evangelisch-lutherische Landeskirche Hannovers nun auch noch zugelegt. Bang ist mir als Mann nicht, wenn Frauen mehr und mehr das Gesicht dieser Stadt bestimmen. Wenn es so geschieht wie hier: bezaubernd, bezwingend, ganz den Menschen zugewandt.

»Bleibet ihr Wanderer stehen«

Ein Gang durch das jüdische Hannover ist mein nächster Weg. Schmerzhafte wie unerwartete Begegnungen in Zeit und Raum. Absolut zwingend sind sie für mich und unwidersprechbar. Ich könnte nie ein Buch über Hannover schreiben, ohne diese »Spur im Sand« zu suchen. »Aaron, da kannte ich dein Haus« (Johannes Bobrowski).

Das erste Haus kenne ich nur, von außen und von innen, durch Abbildungen. Ein stattlicher, dreigeschossiger Fachwerkbau ist es, mit fünf bis sechs Fenstern pro Etage zur Straße hin und einem ausgebauten Giebel. Die erkennbare Geschichte des jüdischen Hannover beginnt in der Calenberger Neustadt, in der Bergstraße 8 stand dieses Haus. Das Haus ist mitsamt der Straße verschwunden, und ich muss mehrere alte und neue Stadtpläne nebeneinander legen und mehrmals von den Modellen der Stadt Hannover im Neuen Rathaus zur Roten Reihe hinüberlaufen, um wenigstens ungefähr zu wissen, wo dieses Haus nun wirklich stand.

Um das Gelände der Neuen Synagoge herum lief später die Bergstraße, an der Nordseite war die Nr. 8. Da stehe ich auf dem Hof zwischen dem Ministerium für Wissenschaft und Kultur am Leibniz-Ufer und dem Preussag-Gebäude an der Roten Reihe, in dem jetzt andere Ministerien sind. Nur wenn ich die Augen lange schließe, kann ich die Bergstraße sehen und die Häuserreihe mit der Nr. 8 dazwischen, die nach Süden schaut. Es ist das Lehr- und Verwaltungshaus der Jüdischen Gemeinde bis zu ihrer Enteignung im Jahr 1942 und der bald darauf folgenden Zerstörung der ganzen Innenstadt Hannovers. Die Geschichte der Juden in Hannover ist, bis dahin zwischen Pogromen und zeitweiliger Duldung schwankend, Ende des 17. Jahrhunderts mit der wachsenden Bedeutung Hannovers als Residenzstadt in einen etwas ruhigeren Zeitabschnitt eingetreten. Die Altstadt wird bis weit ins 19. Jahrhundert hinein den Juden weiterhin Eigentum und längere Duldung verweigern. Aber hier in der Neustadt, wo die Adeligen und Hofbediensteten ihre Häuser und Wohnungen haben, herrscht ein freieres Klima. Da sammeln sich die Juden. Es sind einmal die »Schutzjuden«, die als »vergleitete Juden« mit Schutzgeldern und einem »Schutzbrief« für sich und alle Familien- und Haushaltsangehörigen eine gewisse Sicherheit für Leben und Eigentum erkaufen konnten. Das Recht der freien Religionsausübung war darin eingeschlossen.

Die Zahl der Schutzjuden wurde sorgsam kontrolliert, und ihre Zahl betrug um 1700, wie Peter Schulze in seiner Geschichte des Landrabbinats Hannover eruiert hat, in der Neustadt Hannover bei 200 bis 300 Juden insgesamt nur sieben Personen. Einflussreiche Geschäfts- und Finanzleute sind darunter wie der spätere »Hof- und Kammeragent« Leffmann Behrens (1634–1714), der mit seinen Krediten Herzog Ernst August 1692 die erfolgreiche Bewerbung zur Kurwürde ermöglicht. Die wenigen erfolgreichen Juden wie Leffmann Behrens setzen sich stark für die jüdischen Interessen ein und erwirken nach und nach verschiedene Privilegien für die jüdische Gemeinde. Neben den »Schutzjuden« gibt es dann noch die »reputierlichen Juden«, meist Geschäftsleute, deren Aufenthaltsort und -dauer, jedenfalls der Theorie nach, eng begrenzt ist. Die »Betteljuden« jagt man dagegen schnell von Haus zu Haus und von Stadt zu Stadt.

1687 wird den Juden auf der Neustadt in Hannover und im ganzen Herzogtum die Errichtung eines Landrabbinats zugestanden, das die religiösen Zeremonien leiten und etwa auftretende Streitigkeit nach jüdischem Recht entscheiden soll. 1703/04 lässt der Hofbankier Leffmann Behrens aus seinem Vermögen eine größere Synagoge bauen, und es ist eben auch die Bergstraße 8. Im Hinterhof allerdings muss das Gebäude errichtet werden. Zumindest von dem stattlicheren Neubau von 1827, an gleicher Stelle, auch auf dem Hinterhof, gibt es Aufnahmen. Ein fast quadratischer Innenraum mit frei stehendem Lesepult, Thoraschrein, Kanzel und drei Emporen für die Frauen. 1870 wird, nach der Errichtung der großen Synagoge, die alte Synagoge geschlossen. 1938 nach der Pogromnacht wird sie bis 1941 noch einmal reaktiviert.

Da hat nun die jüdische Gemeinde ihr Zentrum. Mehr und mehr füllt es sich mit Leben. Die ersten Landrabbiner wirken hier, Peter Schulze hat dies alles sorgfältig aufgearbeitet. Joseph ben Meschullam Süßel Cohen wird 1697 zum ersten Landrabbiner bestimmt. Er ist Kaufmann und betreibt dieses Amt wohl nebenamtlich. Zu seinem Nachfolger wird 1704 der 68-jährige Joseph Meyer Friedberg berufen, ein anerkannter Gelehrter und großer Asket, der im Winter das Eis der Leine zerschlägt, um ein religiöses Tauchbad zu nehmen. Die Askese hat ihm geholfen, er ist 99 Jahre alt geworden. 1737 kommt Isaak Selig Karo in das Amt. Er stammt aus einer bedeutenden Gelehrtenfamilie, der größte Talmudist des 16. Jahrhunderts, Josef Karo, ist sein Vorfahr. Levi Josua (auch Arje Leibusch genannt) und sein Sohn Behrend Josua beenden diese erste Phase der hannoverschen Landrabbiner.

Inzwischen hat ein anderer der bedeutenden »Schutzjuden«, der Hof- und Kammeragent Michael David, 1756 eine Gelehrtenstiftung zum Talmudstudium errichtet. Und als Behrend Josua (auch Isaschar Berisch genannt) 1802 stirbt und das Landrabbinat aus einer Reihe von Gründen lange unbesetzt bleibt, erweist sich, dass in der hannoverschen Talmudschule sogar drei Gelehrte tätig sind: Isaak Salomon Wilna, Michael Meyer Frensdorff und Markus Adler. Sie sollen nun, neben ihrer Lehrtätigkeit als Talmudisten, gemeinsam das Landrabbinat übernehmen.

Hannover ist also inzwischen zu einem Zentrum der Talmudlehre und -forschung geworden. Auf welchen Geist, auf welche Menschen werde ich treffen, wenn ich – mit dem Cappel bedeckt – das Haus in der Bergstraße 8 betrete und in der »Schul« mich still in eine Ecke setze? Der Raum ist voll von jungen Männern, die gemeinsam halblaut aus dem Talmud lesen. Gelegentlich unterbricht der Rabbiner und erklärt. Vilém Flusser, der bedeutende Prager Schriftsteller und Philosoph, der das Dritte Reich in Brasilien überlebte und 1991 bei einem Autounfall an der deutsch-tschechischen Grenze starb, hat einmal gemeint, man könne auf eine doppelte Weise Jude sein. Die einen werden durch den Blick von Juden zu Juden. Sei es durch Blick und Anrede der Eltern, der Mitschüler oder der jüdischen Gemeinde, der Rabbiner. Die anderen werden durch den Blick von Nicht-Juden zu Juden. Das unterscheide die im Judentum integrierten von den assimilierten Juden.

Es scheint mir keine Frage zu sein: Die jüdische Gemeinde des 18. Jahrhunderts, der ersten hundert Jahre einer wirklichen Gemeinde der Juden in Hannover, ist durch den innerjüdischen Blick zu ihrer Identität gekommen. Wie ein kleines ostjüdisches »Schtetl« stelle ich mir die Versammlungen im Lehrhaus und in der Synagoge vor. Da sitzen sie vom Morgen bis zum Abend beieinander und »lernen«, wie man das im Judentum nennt, den Talmud. Keiner fragt nach ihnen, beachtet sie, interessiert sich für sie. Außer die Glaubensgenossen selbst. Ein Stück einer fremden Kultur leben sie in dieser Stadt, wie heute vielerorts die Muslime in den Koranschulen und Moscheen. Unermüdlich sind sie, im Geist des Vorfahren des hannoverschen Landrabbiners Karo, des Josef Karo (1488–1575), der in seinem »Schulchran Aruch« (»gedeckter Tisch«) den Lebenswandel des frommen Juden so beschrieben hat: »Ist es einem nicht möglich, zu lernen ohne einen Mittagsschlaf, dann schlafe er. Aber er dehne es nicht aus, denn verboten ist es, bei Tag zu schlafen über den Schlaf des Pferdes hinaus, der sechzig Atemzüge währt«. Alles, Wachen und Schlafen, Essen und Trinken diene nicht dem Leib des Menschen, sondern dem Schöpfer.

Und so sitzen die jungen und älteren Juden in der Bergstraße und lernen den Talmud, in dieser eigentümlichen Mischung zwischen Lesen und Singen. Ein Riesenwerk ist dieser »Babylonische Talmud«, der die Verhandlungen und Diskussionen der jüdischen Gelehrtenakademien von etwa 200 v. Chr. bis 500 n. Chr. enthält. Zweieinhalb Millionen Wörter umfasst er, etwa 6000 Seiten in Großformat, verteilt auf 20 Bände. Auf dem Grabstein des letzten Rabbiners in dieser Reihe, des Isaschar Berisch auf dem alten Friedhof an der Oberstraße, wird stehen: Er sei Tag und Nacht nicht aus dem Zelte der Thora gewichen und habe den ganzen Talmud 28 mal beendet. Schöne prägnante Sätze stehen in dem größeren Teil der gesetzlichen Bestimmungen (»Halacha«, »Lebenswandel«), interessante Geschichten in den Teilen der Erzählungen (»Agada«). »Zu den Hochmütigen spricht Gott: Wir beiden können nicht zusammen in der Welt wohnen«. »Der böse Trieb gleicht anfangs dem Wanderer, dann – wenn du ihn gewähren läßt – dem Gast, zuletzt – wenn du ihn weiter gewähren läßt – dem Hausherrn«.

Aber ehe ich von der »Schul« in der Bergstraße 8 zu dem alten Friedhof hinübergehe, wo die Rabbiner, ihre Förderer und Schüler alle in der Erde liegen, wird mir aus dem Hören und Mitlesen des Talmud die Andersartigkeit dieses Nachdenkens über Gott, die Welt und den Menschen deutlich. Ein zirkulares Denken ist es schon vom Augenschein: In der Mitte einer gedruckten Seite steht der alte Gesetzestext, die Mischna. Dann folgt, als Gemara, die erste Auseinandersetzung mit diesem Text. An beiden Seiten aber sind mehrere Kolumnen von Rabbinersprüchen oder Geschichten, die die vielfachen Auslegungsmöglichkeiten zeigen. Pilpul nennt sich dieses kreisende Denken, das wie ein Tanz um einen festen Kern ist. Vilém Flusser hat gemeint, dass hier im Talmud fast eine Anti-Theologie am Werke ist. Gott ist so groß, dass er sich nie in einer Wahrheit fassen lässt. Nur in vielen, einander auch widersprechenden Wahrheiten kann man sich der Wahrheit Gottes nähern. Das Lernen des Talmuds heißt, die eine Wahrheit mit der anderen zu konfrontieren und keine als die letzte Wahrheit anzusehen. Deshalb ist das Studium des Talmud auch so unendlich. Tag und Nacht umfassend. Unerschöpflich.

Ich habe mir den Schlüssel im Büro der Jüdischen Gemeinde in der Haeckelstraße geholt und bin auf dem Weg zum alten jüdischen Friedhof an der Oberstraße. »Am Judenkirchhof« heißt die Straße seit 1845, die von der Christuskirche links am Friedhof vorbeiführt. Diese Gedankenlosigkeit, das Wort »Kirche« den Juden damals aufzudrängen. Ich erinnere mich noch, als ich vor vielen Jahren, völlig ahnungslos, die Straßen rings um die Christuskirche durchstreifte. Auf einmal stand ich vor dem Friedhof, und das Herz blieb mir fast stehen. So unerwartet, so überwältigend war das alles. Mitten aus der Straße steigt auf einmal ein grüner Berg hoch, eingefasst von einer Sandsteinmauer. Und oben, unter den Bäumen, ein Wald von Grabsteinen und von Stelen. Eine Insel der Ruhe und des Friedens, wirklich wie eine Insel.

Ergriffen und erschüttert bin ich mit meiner Frau und den Superintendentenkollegen über den alten Prager Friedhof mit seinen 2000 Grabsteinen gegangen, habe einen Stein des Gedenkens auf der Stele des berühmten Rabbi Löw niedergelegt, die voll von solchen Steinen war. Der alte jüdische Friedhof in Hannover ist ganz anders, aber er ist nicht weniger eindrucksvoll. Er ist mir einer der liebsten Plätze in dieser Stadt geworden.

Die Worte Martin Bubers kommen mir in den Sinn, aus dem letzten jüdisch-christlichen Religionsgespräch im jüdischen Lehrhaus in Stuttgart im Januar 1933, vor dem Beginn der nationalsozialistischen Barbarei. Da vergleicht er die Harmonie des christlichen Domes in Worms mit der jüdischen Gotteserfahrung. »Ich umwandle schauend den Dom mit einer vollkommenen Freude. Dann gehe ich zum jüdischen Friedhof hinüber. Der besteht aus schiefen, zerspellten, formlosen, richtungslosen Steinen. Ich stelle mich darein, blicke von diesem Friedhofsgewirr zu der herrlichen Harmonie empor, und mir ist, als sähe ich von Israel zur Kirche auf«. Er hat alles selbst erfahren, dieser Martin Buber mit seinen Glaubensgenossen, später dann noch viel mehr. »All die Asche, all die Zerspelltheit, all der lautlose Jammer«. Und dann die Schlussfolgerung, mit der Israel steht und fällt: »Aber der Bund ist mir nicht aufgekündigt worden«. Als ich später von der Höhe des Friedhofes zur Christuskirche hinüberschaue, beginne ich, Martin Bubers Worte in örtlichen Analogien zu verstehen.

Es ist ein herrlicher Frühlingsmorgen Ende April, als ich – mit viel Mühe – das große Schloss an der gewaltigen Kette aufschnappen lasse. Von der Mitte des 16. Jahrhunderts bis

1804, als der Friedhof an der Strangriede in Benutzung genommen wurde, haben die hannoverschen Juden ihre Toten hier beerdigt. Eine Sanddüne am Leineufer ist dies früher wohl gewesen, und »Zur Düne« heißt noch die Gaststätte nebenan. Dann haben über 300 Jahre lang die Juden zur ewigen Ruhe ihre Toten übereinander gebettet, haben Erde hinzugefahren, und so ist ein sanfter Berg daraus geworden. »Selbst die Nationalsozialisten haben bei ihrem ganzen Judenhass diesen Ort respektiert«, sagt mir ein Nachbar, der hier aufgewachsen ist. »Wenn wir gelegentlich als Kinder auf dem Friedhof spielten, hat uns die Polizei heruntergeholt«. Das Gras ist noch nass. Die Amseln, Meisen und Rotkehlchen zwitschern und singen. Die Ahornbäume, Eschen und Robinien, die im Sommer den Friedhof im Schatten versinken lassen, werden langsam grün.

Ich steige den Abhang hinauf, am Anfang sind die Grabsteine selten. Je höher ich komme, umso mehr wachsen die Steine, schließlich bin ich von ihnen wie umstellt, zwänge mich hier und da hindurch, komme mir klein vor, bleibe stehen und werde selbst wie Stein. Bis zu drei Meter fünfzig, schätze ich, sind die drei größten Stelen. Die des Simon Wolf Oppenheim ist darunter, eine große und einflussreiche Familie waren die Oppenheims in Hannover, mehr als 30 Gräber dieser Familie gibt es hier. Die Nummern der Gräber sind an der Seite eingraviert, anhand des Gräberverzeichnisses im Buch von Margret Wahl kann ich alles identifizieren, meine Hebräischkenntnisse helfen mir da nicht viel.

Dann stehe ich vor den Gräbern der großen hannoverschen Talmudlehrer und lege einen Stein des Gedenkens auf ihre Stele nieder. Süßel Cohen ist in Osterode begraben, und den Stein von Joseph Meyer Friedberg (Grab Nr. 251) finde ich nicht. Priesterhände recken sich auf der zwei Meter hohen Stele von Abraham Meyer Cohen empor (270). Noch gewaltiger ist die Stele von Isaak Selig Karo, der aus Polen nach Hannover kam und das Selbstbewusstsein des ostjüdischen Rabbiners in die hannoversche Gemeinde brachte (271). Ganz dicht stehen die Steine oben auf der Hügelkuppe, wo die Rabbiner liegen. Die Stele von Pne Arje ist im oberen Teil gut erhalten (262). Fast ein kleiner Stein ist die

Stele seines Sohnes Berend Levi, die in einem Dreieck oben ausläuft (234). Es ist, als wollte man noch im Tod der Versunkenheit des unerschöpfbaren Talmudforschers Ausdruck geben.

Da liegen sie nun alle: Der Großvater von Heinrich Heine, der Hermann Heine (304), die großen »Schutzjuden« Leffmann Behrens (159), Michael David (246), der Mathematiker und Astronom Rafael Levi, der Leibniz-Schüler und Leibniz-Freund (307). An dem Grab des Hofmedicus Dr. Marx (265) finde ich das Motto, das mich auf diesen Wegen begleitet. »Bleibet ihr Wanderer stehen und sehet, hier ist begraben der Körper von Mordechai dem Arzt, doch seine Seele ist geknüpft an den Bund des ewigen Lebens«.

Am anderen Ende des Friedhofes, langsam wieder den Abhang hinuntersteigend, komme ich – über die Mauer hinweg – ins Gespräch mit einer Anwohnerin. »Wunderbar ist es, hier zu leben«, sagt sie. Dann gibt sie mir das Stichwort: »Dieser Ort ist so unberührbar«. Auf einmal kommt es mir wie ein Sakrileg vor, dass ich durch mein Herumwandern, zwei Stunden lang, die Ruhe der Toten gestört habe. Das muss es geben in unserem Leben, denke ich. Orte, die unberührbar sind und bleiben. Ein Friedhof ist eben ein »Beth Olam«, ein Haus für die Ewigkeit. Das Schloss mache ich so fest zu, als sollte es sich nie mehr öffnen. Ich denke, ich werde diese Stätte nicht mehr betreten. Es wird mir genügen, um den Friedhof herum zu wandern, den wunderbaren Blick von der Oberstraße aus in mich aufzunehmen. Ich habe alles einmal ganz nahe gesehen, und künftig wird es wichtiger sein, die Fremdheit und die Unberührbarkeit zu respektieren.

In die Calenberger Neustadt fahre ich zurück, um den Spuren des jüdischen Hannover im 19. Jahrhundert nachzuwandern. Immer wieder durchfährt mich die Traurigkeit, wie sehr das alles untergegangen und verschwunden ist und eigentlich nur noch in Bildern und in Erinnerungen existiert. Einer der wenigen Orte, an denen sich meine Gedanken festhaken können, ist das Palais von Dachenhausen in der Calenberger Straße 4. Von 1856 bis 1895 war dieses schlichte, klassizistische Adelspalais mit dem flachen Dreiecksgiebel der Stammsitz des wichtigen Bankhauses Ephraim Meyer und Sohn. Der Zweite der Landrabbiner des 19. Jahrhunderts, Samuel Ephraim Meyer, ist der Sohn des Bankengründers Ephraim Meyer und seiner Frau Rebekka gewesen, die eine geborene Levi war und mit vielen Rabbinerfamilien verwandtschaftlich verbunden. Kein Wunder, dass auch der Sitz des Landrabbinats zu Samuel Ephraim Meyers Zeiten für einige Jahre in diesem Hause war.

Es ist eine andere Zeit, es weht ein anderer Geist in diesen Jahren. Der Jude, der unter den Augen von Nicht-Juden zum Juden wird, tritt auf den Plan. 1808 haben die Juden Hannovers durch die französische Besatzung für kurze Zeit die Gleichstellung mit allen anderen Staatsbürgern erfahren, die Dekrete der französischen Revolution wirken nach. Auch wenn hinterher die Restauration der Biedermeierzeit vieles wieder rückgängig zu machen versucht: Aus dem Kopf und dem Gefühl verschwindet das nie wieder. Der aufkommende Nationalismus malt das Idealbild eines christlichen Staates in den Horizont der Menschen hinein. Die Kirche, gerade auch die Protestantische Kirche, wird zum Orientierungspunkt der Synagoge. Der nationalgesinnte und assimilierte Jude wird ein Prototyp.

Wie das so ist: Die Integration erhöht den Anpassungsdruck. Der hannoversche Landrabbiner Selig Gronemann wird ein Jahrhundert später die »Epidemie der Massentaufen« geißeln. Senior Bödeker von der Marktkirche erwähnt in seinem Tagebuch, mit Stolz anscheinend, von Zeit zu Zeit die Taufe von Juden, so gut und freundschaftlich er auch sonst mit Landrabbiner Meyer verbunden ist. Bedeutende Künstler wie Joseph Joachim lassen sich taufen (1855 in der Aegidienkirche). Der Taufschein wird zum »Entréebillett« für die bessere Gesellschaft (Heinrich Heine). Aber auch für die, die Juden bleiben und nach der Ermöglichung der freien Wohnungswahl in größeren Zahlen nach Hannover kommen, ändert sich (auf Zeit) fast alles.

Den Anpassungsdruck will ich mit einer kleinen gegenwärtigen Episode schildern. Ende der siebziger Jahre bin ich zum ersten Mal in den Synagogengottesdienst der Haeckelstraße gekommen. Der Frauenkreis der St. Nikolai-Gemeinde Limmer, den meine Frau und ich leiteten, hatte sich intensiv auf den Synagogenbesuch vorbereitet. Der jüdische Kantor Stollberg hatte uns in die Liturgie der Synagoge eingeführt. Emotional und heiter war jener Abend. Als ich ihn um Mitternacht nach Hause fuhr, umarmte er mich auf menschenleerer Straße, rief emphatisch: Das müssen alle in Hannover sehen.

Dann sitzen wir in der Synagoge, die Frauen oben, ich bei den Männern. Der Kantor singt (lange), die Vorbeter lesen (lange). Währenddessen laufen die Männer in der Synagoge umher, begrüßen sich, reden miteinander, lachen. Einzelne lesen, singen eine Weile mit, dann stehen sie wieder auf und gehen. Die Frauen unserer Gemeinde sind entsetzt, bestürmen mich hinterher geradezu. »Das ist doch kein Gottesdienst! Keine Andacht, keine Konzentration, wenig gemeinsames Gebet. Die schlimmsten Vorurteile werden uns bestätigt. Das ist wie in der Judenschule«. Hilfe suchend rufe ich den Rabbiner an. Es ist der orthodoxe, ernste, ehrwürdige Rabbiner Hochwald. Er redet mir gut zu. »Sie müssen das verstehen. Der Synagogengottesdienst war über Jahrhunderte der einzige Ort, an dem sich Juden in größerer Zahl versammeln durften. Ein soziales Ereignis ist die Synagoge. Das ist ganz anders als in der Kirche, in der kein lautes Wort außerhalb der Liturgie und der Predigt fallen darf«.

Vor diesem Hintergrund lese ich mit Beklommenheit, wie gerade hier im 19. Jahrhundert die Kirche normierend auf die Synagoge wirkt. Der Erste der bedeutenden hannoverschen Landrabbiner ist der blutjunge, energische und kluge Nathan Adler, der 1830 im Alter von 26 Jahren sein Amt antritt und 1845 als Oberrabbiner nach London geht. 1832 erlässt er eine »Allgemeine Synagogen-Ordnung«, und da ist all das zu lesen, was in den Gottesdiensten der Kirche üblich ist. In anständiger Kleidung sollen die Gläubigen erscheinen. »Feierliche Stille und ehrfurchtsvolle Ruhe« sind gefordert. Störungen wie Umhergehen, Reden und sogar das Zusammenstehen vor und nach der Feier werden mit Geldstrafen geahndet. Streng verboten ist jede gottesdienstliche Ekstase. Die Predigt in der deutschen Sprache wird eingeführt, ein »Gebet für Seine Königliche Majestät und dessen erlauchte Familie« ist vom Vorbeter »feierlichst und mit der Thora im Arm« zu sprechen. Die Synagoge darf nicht vor dem Ende des Gottesdienstes verlassen werden ...

Dann taucht der Mann auf, vor dessen zeitweiligem Amtssitz ich in der Calenberger Straße stehe. Am 25. September 1845 wird Samuel Ephraim Meyer, ebenfalls erst 26-jährig, gegen alle Bedenken einer zu starken Familienrücksichtnahme zum Landrabbiner gewählt. Eine persönliche Nähe zu ihm fällt uns eines Tages direkt ins Haus. Wir haben in der Waterloostraße 3 Logierbesuch aus dem Hunsrück, eine Freundin, die wir seit vielen Jahren kennen.

Renate R. ist Pfarrfrau, ihr Mann ist vor kurzem gestorben. Mitten im Gespräch sagt sie: »Wißt Ihr eigentlich, daß mein Urgroßvater Landrabbiner in Hannover war?!« Ihre Mutter war eine Cousine von Dietrich Bonhoeffer, und dass ihr Vater Jude war, der zu Beginn des 1. Weltkrieges sich taufen ließ und noch vor der erzwungenen Emigration nach Amerika und England in Deutschland Theologie studierte, fällt mir auf einmal wieder ein. Meine erste Englandreise hat der Pfarrer Dr. Hans W., damals schon im Ruhestand in dem schönen Bungalow auf dem Berge im Hunsrück lebend, mir bezahlt. Und dann erzählt Renate R. Geschichten von Samuel Ephraim Meyer, die in der Familie lebendig geblieben sind.

Mit Lina geb. Süßkind, Tochter eines Landrats in Ballenstedt, war Samuel Meyer verheiratet. Wilhelm v. Kügelgen hat sie gemalt, die »Rose des Harzes« hat er sie genannt. Eine Fotografie des Bildes, das im Augenblick bei einem Familienmitglied in Südamerika ist, habe ich gesehen. Langes, schwarzes, gescheiteltes Haar, große Augen, schweres Ohrgehänge, ein ebenmäßiges Gesicht. Den Mittagsschlaf pflegen die Meyers in getrennten Räumen vorzunehmen. Lina kommt, um ihren Mann zu wecken, steht im Türrahmen, die Sonne fällt auf ihr Gesicht. »Bleib bitte stehen«, sagt Samuel Meyer. »Du bist so schön«.

Fünfzehn Kinder haben Lina und Samuel Meyer. Wenn am Samstagmorgen die gesamte Familie von der Escherstraße, wo die Meyers wohnen, durch die Lange Laube und die Goethestraße zur alten oder neuen Synagoge in der Bergstraße marschiert, ordnet Samuel Meyer an, dass die Familie sich aufteilt und an beiden Straßenseiten geht. »Damit wir kein Verkehrshindernis bilden«. Ein großer Wanderer ist Samuel Meyer, die jüdischen Gemeinden rund um Hannover besucht er zu Fuß.

Als Lina eines Tages wieder einmal mit den vielen Töchtern in der Nähstube sitzt, um ihnen die handwerklichen Fähigkeiten beizubringen, stürmt Samuel Meyer – völlig unüblicherweise – in die Runde, holt sie heraus. Ein Mitglied der jüdischen Gemeinde ist in große finanzielle Schwierigkeiten geraten, und Samuel Meyer will für ihn bürgen. »Damit nicht Schande auf den jüdischen Namen fällt«. Weil das ein erhebliches Risiko birgt, sucht er die Zustimmung seiner Frau. Lina schweigt, lächelt ihn an und antwortet nach einer Weile: »Meyer«, so redet sie ihn immer an, »wenn's Dich glücklich macht!« Schöne, kluge Jüdin. Sie weiß, dass noch in dem größten Altruismus ein Stück Selbstbestätigung verborgen liegt.

Der Kampf für »Recht und Ehre« der Juden ist das Lebensthema von Landrabbiner Samuel Ephraim Meyer. Unerschrocken ist er da, und überaus erfolgreich. Die Integration der Juden in die hannoversche Gesellschaft und dann, nach 1866, auch in den preußischen Staat, scheint zu gelingen. Der Höhepunkt seiner Amtszeit ist sicherlich die Planung und der Bau der Neuen Synagoge und ihre Einweihung am 15. September 1870. Noch in diesem Haus in der Calenberger Straße 4 ist wohl die Entscheidung dazu im Jahre 1862 gefallen.

Die Synagoge im Hinterhaus reichte nicht mehr aus, weder räumlich noch ideell. Der der alten Synagoge in der Bergstraße 8 gegenüberliegende Posthof wird angekauft und eingeebnet, und ein dreischiffiger Zentralbau mit einer mächtigen Kuppel wird im neoromanischen Stil darauf gebaut. Edwin Oppler, der auch die Marienburg umbaut und

Königin Marie die eindrucksvolle Bibliothek schafft, ist der Architekt. Die Entscheidung fällt, mit der Wahl eines Architekten aus der »Hannoverschen Schule«, gegen den »maurischen Stil«, der die Andersartigkeit, die anscheinend nicht mehr reale Fremdheit der jüdischen Gemeinde unterstrichen hätte. Programmatisch schreibt Edwin Oppler: »Das Bauwerk, will es Anspruch auf ein monumentales machen, muß vor allem national sein. Der deutsche Jude muß also im deutschen Staate auch im deutschen Style bauen«.

Dann stehe ich vor dem schlichten Denkmal in der Roten Reihe, das Stefan Schwerdtfeger gestaltet hat, mit seiner Mahnung des »Vergeßt nie«. Wieder sind es nur die Erinnerungen und die Bilder, die bei geschlossenen Augen kommen. Hier ungefähr war also das dreifache Portal zur Eingangshalle und zur Vorsynagoge mit der großen Rosette darüber. In den riesigen Innenraum mit dem Al-Menor, dem Thora-Pult unter der Kuppel und den 650 Sitzplätzen für die Männer und den 450 Plätzen für die Frauen auf den Emporen kann ich mich nicht mehr einfühlen.

Hier sind also Samuel Ephraim Meyer in die Synagoge hineingegangen und später die Landrabbiner Selig Gronemann (1883–1918) und Samuel Freund, der der Deportation durch seinen Tod am 28. Juni 1939 zuvorgekommen ist. Hier sind die Juden an den Festtagen im schwarzen Gehrock mit Stehkragen in die Synagoge geströmt. Hier ist die Musik eines Louis Lewandowski oder eines Salomon Sulzer als Chorgesang oder als Sologesang des Kantors im Gottesdienst erklungen, die wie romantische protestantische Kirchenmusik klingt und die mit unerschöpflichem Elan gegenwärtig der Direktor des »Europäischen Zentrums für Jüdische Musik« in Hannover, Andor Izsák, als »Musik der zerstörten Synagogen« sammelt und wieder lebendig macht.

Ungefähr von dieser Stelle aus ist dann auch das Bild aufgenommen, das die brennende Synagoge zeigt. In der Nacht vom 9. auf den 10. November 1938 wird die Synagoge von Kommandos der hannoverschen SS ausgeraubt und in Brand gesteckt. Die spät alarmierte Feuerwehr beschränkt sich auf den Schutz der Nachbarhäuser. Gegen Morgen wird die Kuppel gesprengt. Da stehen Männer mit dem Rücken zur Kamera und schauen zu. In Hannover rührt sich nahezu nichts in diesen Tagen. Auch in den Kirchen nicht. In den Predigten des vor der Tür stehenden Buß- und Bettages wird offenbar nichts gesagt, in den Gemeindebriefen ist nicht der leiseste Hinweis zu finden. Nichts über die Demolierung der jüdischen Geschäfte, später die Anordnung des Judensterns, die Kasernierung in den Judenhäusern auch und gerade in der Innenstadt, in der Knochenhauerstraße, in der Ohestraße, der Herschelstraße.

Als die übrig gebliebenen 2400 Juden in die Vernichtungslager abtransportiert werden, rührt sich nichts und niemand. Günstigstenfalls angstvolles Geflüster: »Wenn die Synagogen brennen, sind als nächstes die Kirchen dran«. Die Vermutung wird zur Prophezeiung. »Wir beklagen die Schuld unserer Kirche an den Juden«, wird die Synode der Ev.-lutherischen Landeskirche Hannovers 50 Jahre nach Kriegsende, am 29. 11. 1995, sagen. »Die Fehler und Versäumnisse belasten bis heute die Glaubwürdigkeit unseres Zeugnisses«. Das ist noch gelinde ausgedrückt. Die Hoffnung auf volle Anerkennung ihrer Menschenwürde und ihrer deutschen Staatsbürgerschaft hatte sich für die Juden als tödliche Täuschung herausgestellt. Die Stadt als Ort des friedlichen Zusammenlebens der voneinander Verschiedenen war nicht nur äußerlich zerstört. Von allen Gebäuden, die durch den Nationalsozialismus und durch den Krieg verschwunden sind, fehlt mir die große Synagoge an der Bergstraße am meisten. Unter der leergeräumten Fläche der Synagoge hat man dann, als die Luftangriffe einsetzten, einen Bunker gebaut für die Calenberger Neustadt. Schutz für die, die die Menschen, die hier früher aus- und eingingen, nicht schützen konnten oder wollten.

Auf dem Friedhof An der Strangriede, der von 1864 bis 1924 der Ort der Bestattung für die jüdischen Familien war, liegen sie alle, die mit vielen anderen zusammen Hannover groß gemacht haben. Die Berliners und Oppenheimers, die Commerzienräte, Ärzte, Rechtsanwälte, Fabrikanten, Professoren. Sie haben – trotz gelegentlich heftiger antisemitischer Erfahrungen – nicht ahnen können, was den Juden in

Hannover bevorstehen würde. Wenn man es ihnen als düstere Ahnung erzählt hätte, hätten sie es nicht geglaubt. Auf den Tafeln der Erbbegräbnisse, vor allem an der Westwand, ist gelegentlich das spätere Schicksal festgehalten. Da ist das eine Familienmitglied in Tunis gestorben und das andere in Süd- oder Nordamerika. Moritz Simon ist dort beerdigt, der die jüdische Gartenbauschule in Ahlem gegründet hat mit seinem Motto: »Nicht durch Almosen, sondern durch Erziehung zur Arbeit kann unseren armen Glaubensgenossen geholfen werden«.

Ein Relief auf dem Grabdenkmal zeigt die ländliche Idylle. Edwin Oppler liegt dort, und das einzige Gebäude, das von ihm in Hannover erhalten ist, ist in der kleinen und schönen neoromanischen Predigthalle des Friedhofs zu bewundern. Der große Mittelgang aber führt, in einer Pappelallee, auf die Ehrengräber der Landrabbiner zu. Samuel und Lina Meyer liegen dort, zu ihren Füßen Samuel Freund, und die Verlängerung des Mittelganges führt auf das Grab von Selig Gronemann zu. Eine eigene stille Welt inmitten der Häuserblocks ringsherum. Vergessen zumeist, aber noch immer zu entdecken und zu erinnern.

Dann stehe ich vor dem Mahnmal, das auf Initiative des Vereins »Memoriam« im Oktober 1994 für die 6800 Jüdinnen und Juden Hannovers auf dem Opernplatz errichtet worden ist. Michelangelo Pistoletto hat das Mahnmal als ein offenes Tor gestaltet: Ein Lagertor mag es sein, aber vielleicht auch ein Tor in eine bessere Zukunft oder in ein Leben, das bleibt. In jahrelanger Arbeit hat der Historiker Peter Schulze die Namen und Schicksale hannoverscher Juden zu klären versucht. 600000 Karteikarten waren dafür durchzusehen und bei den gefundenen 12000 Jüdinnen und Juden die Lebensschicksale zu verfolgen.

Über 1900 Namenseintragungen sind auf den Schrifttafeln eingetragen, all die Schreckensorte des Holocaust tauchen dabei auf, 600 Schicksale bleiben noch zu klären. »Selbsttötung« steht hinter erschreckend vielen Namen. Mit dem einjährigen »Abraham, Bela« fängt die Namensliste an, »deportiert am 15.12.1941, Riga«, und endet mit

»Zydower, Simon, 56 J., deportiert am 15. 12. 1941, Riga«. Ganz frisch sind noch in meinem Gefühl und meiner Seele die Erfahrungen von Riga. Ich sehe, im April 1999, meine Frau und mich mit unserer lettischen Freundin und unserem Schweizer Freund durch die Straßen des Ghettos von Riga laufen und fahren, durch das große Ghetto und das kleine Ghetto und das Reichsjudenghetto, dort, wo die Juden aus dem Reich und auch der hannoversche Transport vom 15. 12. 1941 mit 1004 Juden landeten. Schäbig sind die Häuser und stammen weithin noch aus dieser Zeit, man muss sich nur Stacheldraht vorstellen und Posten davor und überfüllte Straßen und Häuser, dann ist das alles da.

Noch ganz anders als in Hannover haben in der Moskauer Vorstadt Rigas die Gestapo und die SS gewütet. Die »Klagemauer« Rigas, da wo einst die »Große Choralsynagoge« in der Gogola iela stand und wo 300 Juden mit der Synagoge lebendig verbrannt wurden. Das Konzentrationslager »Kaiserwald« und die Erschießungswälder in Rumbula, wo sowjetische Kriegsgefangene die Massengräber ausheben mussten, die dann mit den Juden zusammen erschossen wurden. In dem Museum und Dokumentationszentrum »Die Juden in Lettland« des rührigen Professor Margers Vestermanis in der Skolas iela 6 ist das alles mit schrecklichen Bildern festgehalten. Auf dem Friedhof in Riga-Smerlis wird hoffentlich auch bald ein Gedenkstein an die 1000 Juden aus Hannover erinnern.

Ich lese mich fest an den Namen auf dem Mahnmal am Opernhaus. Steige hinauf, gehe herum. Die Namenlosigkeit der Opfer soll aufgehoben werden, an die Stelle des »Beschweigens« soll die Möglichkeit von konkreter Erinnerung treten. Aber die Namen bleiben für mich weithin »Namen«. Keine und keinen von ihnen habe ich gekannt. Laut lesen müsste man die Namen, und ich erinnere mich an den Tag der Einweihung des Mahnmals, als stundenlang die Namen über Lautsprecher durch die Innenstadt klangen.

Mein Bedürfnis nach Nähe wird übermächtig. So wandere ich am nächsten Tag mit einer einzigen Jüdin durch die Stadt. Es ist die große alte Dame der jüdischen Gemeinde, vor zwei Jahren hat sie auf meine Bitte hin noch einmal in der Marktkirche das getan, was sie – als sie jünger war – in Schulklassen unendlich viele Male wiederholt hat: von ihrem Leben zu erzählen. 1914 ist Lola Fischel im Grenzgebiet zwischen Schlesien und Polen in einer polnischen Stadt geboren. Ein warmes, respektiertes Elternhaus, eine glückliche Kindheit. Bis, als die Kunde von dem Naziterror nach Polen dringt, die polnische Gesellschaft sich abrupt und geschlossen von ihnen abwendet. »Das war sehr schmerzhaft«, sagt sie. Überfälle und Plünderungen noch vor dem deutschen Einmarsch.

Dann Ghettoisierung, am 3. August 1943 in Viehwaggons geladen und nach Auschwitz gebracht. Von Zeit zu Zeit werden die Leichen herausgeholt. In Auschwitz wird die Familie auseinander gerissen. »Es gibt kein Wörterbuch der Welt«, sagt sie, »dessen Wortschatz es möglich machen würde, die brutalen unmenschlichen Qualen zu schildern«. Erschöpft, krank, fast verhungert, verschmutzt, schleppt sie sich zweimal täglich zum Appell. Nur als »Bestien« kann sie die Frauen und Männer der Wachmannschaften bezeichnen. Sie wird nach Bergen-Belsen verlegt. Völlig apathisch erlebt sie die Befreiung durch die Engländer, hat keinen Lebenswillen mehr. Langsam richtet man sich gegenseitig auf. Sie trifft einen Mann, der Hannoveraner ist, den sie heiraten wird und der in Hannover bleiben will. So ist sie in dieser Stadt geblieben und hat viele Freunde. Siegmund Fischel ist dann lange Jahre Vorsitzender der Jüdischen Gemeinde und des Landesverbandes gewesen. Unter seiner Leitung ist das jüdische Zentrum mit der neuen Synagoge in der Haeckelstraße gebaut und 1963 eingeweiht worden, 1972 ist er gestorben.

Aufmerksam auf alles achtend, geht die kleine Frau mit dem gepflegten Äußeren neben mir. Wir mögen einander, das spürt man bei jedem Satz. Auf den neuen Jüdischen Friedhof in Bothfeld führt sie mich zunächst. Schön ist der Eingangsbereich, mit dem architektonischen Element der Lebensbögen. Geboren werden, zur Höhe des Lebens aufsteigend, zurückkehrend zur Erde. Von Erde bist du genommen, zu Erde sollst du wieder werden: Das ist jüdisches

Denken. Vor dem Ehrengrab ihres Mannes stehen wir lange.
Da ist auch für sie schon die Stätte bereitet. »Möge seine
Seele einen Platz in dem Bund des Lebens finden«: So vorsichtig wird Heil angesagt. In der Mitte des Friedhofs steht
der große Gedenkstein, der an die 4000 Opfer des nationalsozialistischen Terrors erinnert. Als habe der Prophet Jere-
mias das alles vorhergesehen. »Ungestillt rinnt die Träne um
die Erschlagenen unseres Volkes« (Jeremia 8, 23). »Das ist
der häufigste Gang meines Lebens gewesen«, sagt sie, »zu
diesem Stein. Ich weiß ja nicht, wo und wann meine Eltern
in Auschwitz umgekommen sind«. Links hinten ist das
Gräberfeld, in dem auch Christen liegen dürfen. »Das hat
mein Mann für die Mischehen durchgeboxt. Er konnte es
nicht einsehen, dass Menschen, die ein Leben lang vereint
waren, nicht auch im Tode zusammen sein dürften«. Ganz
hinten der neueste Teil, schon mit vielen russischen Namen.
Rechts der älteste Teil der Gräber, von 1924 an bis zu den
Zeiten der Vernichtung.

Wir fahren hinüber in die Haeckelstraße, in das Seniorenheim, das ihren Namen trägt. Stolz ist sie, dass sie das
durchgesetzt hat, mit der Hilfe vieler anderer. »Wenn es nur
einen Juden in der Stadt gibt, der Betreuung braucht, dann
brauchen wir ein solches Heim«. 75 Bewohnerinnen und
Bewohner hat das Haus, Juden und Christen leben miteinander. »Das ist mein Prinzip«, sagt sie. »Ghettos haben wir
genug gehabt«.

Dann streifen wir durch das Gemeindezentrum, durch Pra-
gersaal und Synagoge. Ich sitze eine Weile auf ihrem Platz,
den sie noch weiter bezahlt, aber der jetzt oft leer bleibt.
»Ich bin verrückt auf Tradition«, sagt sie. Den Beginn des
Sabbats erlebt sie an jedem Freitag, mit dem Anzünden der
Lichter, nebenan im Seniorenheim. Die beiden jüdischen
Gemeinden in Hannover, die »Jüdische Gemeinde« in der
Haeckelstraße und die »Liberale Jüdische Gemeinde« in der
Freundallee, sind durch den Zuzug der russischen Juden
sehr gewachsen. Manche haben es nicht leicht miteinander,
es hat in den letzten Jahren viel Streit und Auseinanderset-
zungen gegeben. Lola Fischel will da nicht richten.
»Rabbiner, Pastoren und Bischöfe haben bei mir Privilegien,

da suche ich nicht nach Fehlern«. Das gilt für sie auch für alle, die es ernst mit dem Glauben meinen.

Das jüdische Hannover, das sind für mich am Ende doch vor allem Menschen und Personen, Lebende und Tote. Das sind die Talmudgelehrten wie Isaak Selig Karo oder Arje Leibusch. Das ist ein frommer und weltoffener Mann wie Samuel Ephraim Meyer, der für die Ehre der Juden focht. Das ist eine Frau wie Lola Fischel. Und das ist ein Mann wie der frühere Landesrabbiner Henry G. Brandt, der über viele Jahre für mich der Inbegriff dessen war, was das jüdische Denken für eine Stadt bedeuten kann. So führt mein Weg noch einmal wieder in die Marktkirche. Ich sehe ihn da vorne im Altarraum mit mir am Tisch sitzen, wie wir mehr als zehn Jahre lang an drei Nachmittagen im Januar vor der gefüllten Kirche diskutierten. Ich war zumeist der Hörende und Lernende. Eine Vision kam da in meine Gedanken und in mein Herz hinein. Eine Ahnung dessen, welcher Reichtum durch die Unterdrückung der jüdischen Geschichte unserer Stadt verloren gegangen ist. Zugleich mit der Hoffnung verbunden, dass es uns doch gelingen möchte, einen Teil dieser Fülle wiederzugewinnen.

»Zu lieben, was Liebe verdient«

Im Vorwort zu seinem tiefsten und bedeutendsten Werk, seiner »Theodizee« (»Von der Güte Gottes, der Freiheit des Menschen und dem Ursprung des Übels«), hat Gottfried Wilhelm Leibniz diesen Satz geschrieben. Die ganze positive Ausstrahlung seines Denkens ist in diesen wenigen Worten drin. »Denn nichts ist so angenehm wie das zu lieben, was Liebe verdient«. In seiner »Theodizee« meint Leibniz mit diesem Satz die Liebe zu Gott, da es nichts Vollkommeneres, nichts »Entzückenderes« (»ne rien de plus charmant«) als Gott gäbe. Aber da Leibniz nicht nur ein großer Theologe und Philosoph, sondern auch ein großer Psychologe und die theologischen Aussagen immer mit Beobachtungen aus der Erfahrungswelt des Menschen verdeutlicht, ist es vertretbar, wenn ich die Adressaten der verdienten Liebe eine Etage tiefer hänge. Sieben bedeutende Männer in der Geschichte Hannovers halten in meinem Gefühl die Zuneigung fest, und es ist mir ein Vergnügen, mich immer wieder auf ihre Spuren zu setzen. Es könnten natürlich auch zehn oder vier sein; aber ich wüsste im Augenblick keinen hinzuzusetzen, würde auch keinen auslassen wollen.

*

Der Erste ist Gottfried Wilhelm Leibniz selbst (1646–1716). Wäre er mir zu seinen Lebzeiten begegnet, hätte er es sicher auch mir wie vielen seiner Zeitgenossen nicht leicht gemacht. Zacharias Conrad von Uffenbach besucht 1710 Hannover und beschreibt mit einigem Erstaunen das »wunderliche Aussehen« von Leibniz mit seinen »Pelz-Strümpfen« und seinem mit Pelz gefütterten Nachtrock, seine »großen Socken von grauem Filz« anstatt der Pantoffeln, seine

»sonderbare lange Perücke« (der Reisebericht bei Rischbieter Bd. I). 1698 hatte er das Haus an der Schmiedestraße 10 bezogen, das nun am Holzmarkt wieder aufgebaut ist. Manchmal gehe ich vorbei, und ehe mein Verstand mich zur Ordnung ruft, denke ich einen kurzen Augenblick: Dahinter sitzt er, der wunderliche, wunderbare Mann. Jedenfalls habe ich es dem Bestattungsunternehmer August K. ein paar Stunden lang nicht verzeihen können, dass er bei der Umbettungsaktion den Sarkophag von Leibniz schon wieder geschlossen hatte, noch ehe ich auf den Gedanken gekommen war, mir die Gebeine anzuschauen. Nun ruhen die »Ossa Leibnitii« wieder in der Neustädter Kirche am alten, ehrwürdigen Ort.

Von seinen mathematischen, physikalischen und astronomischen Forschungen verstehe ich fast nichts. Aber allein das, was ich verstehe, nötigt mir restlose Bewunderung ab. Die Frühzeit der autonomen Vernunft ist es, und ich kenne – außer Kant – niemanden, der sein Denkvermögen so virtuos gebraucht und ihm eine Ungeheuerlichkeit nach der anderen zuzumuten wagt. Atemberaubend ist es, wie Leibniz in seiner »Theodizee« zur Frage der Allwirksamkeit Gottes und der angeblichen Freiheit des Menschen eine Schwierigkeit auf die andere häuft: Gott muss geradezu zum Urheber des Bösen werden oder zum Angeklagten, da er nicht alles rettet. Da ist nichts an Denkschwierigkeiten ausgelassen, nichts verniedlicht oder um des voraussehbaren Ergebnisses willen abgeschwächt. Und nach dem Durchgang durch die kontroversen Erörterungen hat man den Eindruck, dass die Lösung wirklich gefunden ist und man die Auflösung der Schwierigkeiten, die Leibniz darlegt, voll akzeptieren kann.

So geht es mir auch bei der Lehre von Leibniz über die Schaffung »der besten aller möglichen Welten« und die »prästabilisierte Harmonie«. Voltaire hat gerade diesen Aspekt in seinem »Candide« der Lächerlichkeit preisgegeben. Aber Leibniz hat mehr Geist in seinem kleinen Finger als Voltaire in seinem ganzen Kopf. Gottes Denken enthält eine unermessliche Anzahl von möglichen Welten, die aber alle unvollkommen sein müssen; wären sie vollkommen, wären sie Gott selbst. Die Sünde und Bosheit der Menschen ist also keineswegs geleugnet. Die Beste aller möglichen, aber unvollkommenen Welten zu schaffen, ist ein Ausfluss von Gottes Liebe. Die »prästabilisierte Ordnung« aber sorgt dafür, dass die Folgen der Sünden und der Untaten der Menschen in der Harmonie des Ganzen noch aufgefangen werden können. Unglaubliche Erfahrung gerade unserer Generation, hier bei Leibniz als Erkenntnis des aufgeklärten Glaubens gedeutet: Dass die schlimmsten Vernichtungskriege dieses Jahrhunderts die Welt als Ganzes noch nicht haben in den Abgrund schicken können. Noch immer beginnt ein neuer Tag.

So stehe ich oft vor dem Leibniz-Haus am Holzmarkt mit den biblischen Reliefs der Kreuzigungsgeschichte Jesu und den alttestamentlichen Typologien, die wohl alle von Peter Köster stammen. Leibniz wird an den ursprünglichen Arbeiten von 1657 dort drüben in der Schmiedestraße seine Freude gehabt haben. Hoch oben, sozusagen als krönender Abschluss, ist die Erschaffung des Menschen dargestellt. Eine humanistische Ikonographie ist das Bildprogramm des Hauses. Aber es ist der Mensch als Ebenbild Gottes. Die Einheit von Glaube und Vernunft ist postuliert, da Gott doch beide geschaffen hat. Beide haben unterschiedliche Reichweiten, aber können einander nicht widersprechen. Gottes Vollkommenheit ist wie das Meer, von dem der Mensch nur wenige Tropfen erhält. Aber von diesem kleinen Anteil an der Unendlichkeit kann er, in einer aufgeklärten Liebe (»amour éclairé«) fröhlich und reichlich leben. Gottfried Wilhelm Leibniz: Ich bewundere den Mann.

*

Dreißig Jahre nach dem Tod von Leibniz wird, am 21. Dezember 1748, in Mariensee ein Mann geboren, dessen Stimme unvergleichbar anders ist, aber auch in der Tiefe mein Herz bewegt. Eine Stimme der Sehnsucht ist die Lyrik von Ludwig Christoph Heinrich Hölty. Erfahrung der Erfüllung, der Schönheit dieser Welt und Wissen um viel Vergeblichkeit ist darin. Kurz ist sein Leben; am 1. September

1776 wird er, 27-jährig, in der Leinstraße 8 (heute gegenüber der Markthalle) in Hannover an der Tuberkulose sterben. Er ist nach Hannover gezogen, um seinem Arzt, dem er vertraute, dem Königlichen Leibarzt Johann Georg Zimmermann, nahe zu sein. Zimmermann schätzt Hölty als Mensch und Dichter hoch und hat wunderbare Sätze über ihn geschrieben. »Er weiß übrigens gar nicht, was das heißt, für den künftigen Tag zu sorgen ... In seinen Liedern glüht indessen eine göttliche Anmuth, eine äußerst bewundernswerthe Heiterkeit der Seele, und eine ganz Lafontainische Naivité!« Helfen hat er dem schwer kranken jungen Mann dann letztlich auch nicht können.

Schon Höltys erste und wahrscheinlich einzige Liebeserfahrung ist eine Sehnsuchtsbegegnung. Im Hause des Amtmanns von Mariensee trifft Ludwig Hölty die jüngere Schwester der Amtmannsfrau, Anna Juliane Hagemann. Die beiden jungen Frauen sind Töchter des hannoverschen Superintendenten Laurentius Hagemann. Anna wird bald heiraten und sie wird, wie auch ihre Schwester in Mariensee, bald sterben.

Aber als Traumbild einer unvergänglichen Liebe begleitet Hölty ihre Gestalt durch die kurzen Jahre seines Lebens. »Es war ein schöner Maiabend«, schreibt Hölty Jahre später an einen Freund, »die Nachtigallen begannen zu schlagen und die Abenddämmerung anzubrechen. Sie ging durch einen Gang blühender Apfelbäume und war in die Farbe der Unschuld gekleidet. Rote Bänder spielten an ihrem schönen Busen ...« Hölty hat Anna Juliane nie seine Liebe merken lassen und hat nie erfahren, ob auch sie ihn liebte. »Laura« hat er sie nach dem Vorbild Petrarcas genannt. Das volle Schlagen der Nachtigallen geht durch seine Lyrik, an seiner Sehnsucht nach Laura ist der junge Mann zum großen Dichter gereift.

»Gieß nicht so laut die liebeglühnden Lieder,
    Zu meiner Qual
Vom Blütenast des Apfelbaums hernieder,
    O Nachtigall!«
                              (»An eine Nachtigall«)

»Kein Glück der Hoffnung heitert die Seele mir,
Kein Blick der Freude! Nimmer, ach, nimmer wird
　　Dein Auge, Laura, meinem Auge,
　　　　Wieder begegnen, und Liebe sprechen!«
　　　　　　　　　　　　(»Laura«)

»Enthülle dich, daß ich die Stätte finde,
Wo oft mein Mädchen saß
Und oft, im Wehn des Buchbaums und der Linde,
Der goldnen Stadt vergaß.«
　　　　　　　　　(»An den Mond«)

Inzwischen hatte sich ab 1770 die Gründung des »Göttinger Hainbundes« vollzogen. Die glücklichsten Jahre waren es für Hölty in diesem Freundschaftsbund des »Sturm und Drang« und der beginnenden Romantik, mit Johann Martin Miller, Friedrich Leopold Graf zu Stolberg, Johann Heinrich Voß, Heinrich Christian Boie und anderen. Den Namen »Haining« führte er dort, von Todesahnung waren seine Gedichte schon durchzogen.

»Ihr Freunde, hänget, wenn ich gestorben bin,
Die kleine Harfe hinter dem Altare auf.«

In seinem letzten Jahr in Hannover hat er dann das Lied gedichtet, das ihn volkstümlich gemacht hat.

»Üb immer Treu und Redlichkeit,
　　Bis an dein kühles Grab;
Und weiche keinen Fingerbreit
　　Von Gottes Wegen ab.
Dann wirst du, wie auf grünen Aun,
　　Durchs Pilgerleben gehn;
Dann kannst du, sonder Furcht und Graun,
　　Dem Tod ins Auge sehn.«
　　　　　(»Der alte Landmann an seinen Sohn«)

Auf Recht und Ordnung scheint dieses Lied getrimmt, und einer Zeit der Biedermänner damals wie heute scheint das in ihre Weltanschauung gut zu passen. Aber die Wahrheit liegt hart daneben. Wer die acht Verse des Liedes genau anschaut, merkt bald, dass der Pastorensohn aus Mariensee ein Gemälde des Jüngsten Gerichts in der Todeserfahrung zeichnet, das auch sozial- und gesellschaftskritische Erfahrungen nicht auslässt:

»Der Amtmann, der im Weine floß,
Die Bauren schlug halbkrumm,
Trabt nun, auf einem glühnden Roß,
In jenem Wald herum.
Der Pfarrer, der aufs Tanzen schalt
Und Filz und Wuchrer war,
Steht nun, als schwarze Spukgestalt,
Am nächtlichen Altar.«

Auf dem Nikolai-Friedhof, der durch das neue Straßensystem so furchtbar zerteilt wird, ist Ludwig Christoph Heinrich Hölty begraben. Der genaue Ort des Grabes (»Begräbnis auf Verwesung«) ist nicht bekannt. An dem Denkmal dort mit der Figur des Jünglings und dem Lenau-Vers »Hölty, dein Freund, der Frühling ist gekommen!« mache ich gerne eine kurze Rast. Bei Nacht wird man mit Sicherheit irrlichternde Gestalten erblicken können.

*

»Ein Buch, wie es kein anderes Volk der Erde besitzt«, hat der skurrile, aber überaus kenntnisreiche und belesene Schriftsteller Arno Schmidt aus Bargfeld bei Celle, der »Niedersächsische Diderot« (Ernst Jünger) geurteilt. Die Rede ist von dem Entwicklungsroman »Anton Reiser« von Karl Philipp Moritz (1756–1793), der in Wahrheit eine verkappte Autobiografie des Literaten ist. Wenn die Rede auf »Anton Reiser« kommt, gerate ich rundherum ins Schwärmen. Kein Buch, zumal über Hannover, habe ich so oft gelesen. Kein Buch kenne ich, das in der differenzierten Außen- wie Innensicht geradezu ein Psychogramm einer Stadt in einer bestimmten Epoche seiner Geschichte entfaltet wie »Anton Reiser«. Einen Vorläufer der Romankunst des 19. und 20. Jahrhunderts hat man ihn genannt (Eyssen/Storck). Ja, wenn ich lese, dass sich mit Reisers Sonntagsspaziergängen die philosophischen Überlegungen verbinden, dass sich die Vorstellungen des Menschen so sehr an die Idee des Ortes knüpfen, dass man beim Aufwachen oder einer Veränderung des Ortes meint, man träume (S. 80ff): Dann habe ich sofort den Anfang von Marcel Prousts »A la recherche du temps perdu« im Kopf.

Anton Reiser ist in Hameln als Sohn eines Regimentsmusikers geboren. Der Vater ist fromm, hängt dem Quietismus der Madame Guyon an, und dieses ganz nach innen gerichtete Glaubensleben hat erhebliche Auswirkungen auf die Entwicklung Anton Reisers. Etwa 14 Jahre ist er alt, als er – nach einer harten Gehilfenzeit bei einem frommen Gerbermeister in Braunschweig – zurück nach Hannover kommt. »Die vier schönen Türme von Hannover traten endlich wieder hervor – und wie einen Freund, den man nach langer Trennung wieder sieht, betrachtet Anton den neustädtischen Turm, und seine Glockenliebe erwachte auf einmal wieder«. Es sind die Jahre um 1770, als der Vater der beiden im Marktkirchenpfarrhaus geborenen Romantiker-Brüder August Wilhelm und Friedrich, Johann Adolf Schlegel, Pastor an dieser Kirche ist. Er ist auch der Einzige unter den Pfarrern, der vor den aufmerksamen Augen und Ohren des jungen Anton Reiser Gnade findet.

Da Anton Reisers Eltern kein Geld zur Ausbildung des Jungen haben, kommt er auf eine Schule beim Lehrer-Institut, auf der die angehenden Lehrer ihre ersten Unterrichtsversuche zu machen haben: Eine Anstalt »als Zuflucht für die Armen«. Pastor Marquard von der Garnisonkirche, der auch sein Konfirmator ist, wird auf den begabten Knaben aufmerksam und erwirkt ein Stipendium beim Prinzen Carl von Hannover. Aber mit dem erhofften und sich auch realisierenden Bildungsaufstieg des Jungen gehen zunehmende Demütigungen Hand in Hand.

Er wandert die ganze Woche von einem Freitischplatz zum anderen und lernt den Missmut und die Herablassung der Wohltäter kennen. »Kurz, diese Leute behandelten ihn so, daß er den ganzen Freitag über mißmutig und traurig zu sein pflegte und zu nichts recht Lust hatte, ohne oft zu wissen, worüber«. Auch als es ihm endlich gelingt, auf die ersehnte Lateinschule an der Marktkirche und in die Kurrende der Marktkirche zu kommen, ergeht es ihm nicht besser. Seine schäbige Kleidung verrät den Knaben aus der Unterschicht, ungerechte Züchtigungen machen ihm anfangs durchaus sympathische Lehrer verhasst, er verschließt sich vor ihnen, geht ganz auf den Weg nach innen, spinnt sich ein in fromme und unfromme Träumereien. Todessehnsucht greift um sich.

»Was kümmert mich der Leute Tun,
Wenn ich im Grabe bin?«

The Joy of Grief, die »Wonne der Tränen«, nimmt von ihm mehr und mehr Besitz, das sentimentale Zeitalter kündigt sich an. In der Kreuzkirche erlebt Anton Reiser einen Gottesdienst mit der Abschiedspredigt von Pastor Lesemann, bei der die ganze Gemeinde von Anfang bis zum Ende – weint. »Er (Anton Reiser) wünschte sich keine größere Glückseligkeit, als auch einmal vor einer solchen Menge von Menschen, die alle mit ihm weinten, eine solche Abschiedsrede halten zu können«. Der Weg nach innen mündet in den Geniekult des »Sturm und Drang«, in den Kult um die Dichter und Denker, die aus ihrer Schau und Emotion das eigentliche Wort der Wahrheit sprechen. Karl Philipp Moritz wird bald der Begleiter Goethes werden. Das kündigt sich schon in seinen Jugendjahren an: Das Theater, der abendliche Gang in das Komödienhaus im Schloss hat Anton Reiser in dieser Stadt gerettet. Als er aus den Demütigungen Hannovers davonzieht, ist es diese Zukunft, die ihm als Traum vor Augen schwebt. »Da er aber nun die Stadt mit ihren grün bepflanzten Wällen im Rücken hatte und die Häuser, wie er zurückblickte, sich immer dichter zusammendrängten, so wurde ihm leichter, bis endlich die vier Türme, welche den bisherigen Schauplatz aller seiner Kränkungen und Bekümmernisse bezeichneten, ihm aus dem Gesicht schwanden«.

*

Zum Lyriker (Hölty) und Romanschriftsteller, der später Professor für Altertumswissenschaften in Berlin wird (Moritz), gesellt sich im Ausgang des 18. Jahrhunderts und darüber hinaus der bildende Künstler. Johann Heinrich Ramberg (1763–1840) ist ein echter Hannoveraner. Der Vater ist »Kriegskommissär« und später Hofrat in Hannover, und Johann Heinrich Ramberg ist, nach einem Aufenthalt in London, ab 1788 trotz längerer Reisen und Aufenthalte in Leipzig und Dresden, in Wien und Italien bis zu seinem Tode im hohen Alter in seiner Heimatstadt geblieben. Ab 1793 war durch seine Ernennung zum hannoverschen Hofmaler und Hofdekorateur auch die materielle und gesellschaftliche Grundlage geschaffen.

Johann Heinrich Ramberg hat viele Seiten. Ab etwa 1810 ist er *der* Buchillustrator in Deutschland; Schiller und Goethe haben ihn geschätzt, und die Zeichnungen zur »Fürstenausgabe« von Wielands sämtlichen Werken, die 1794–1802 bei Göschen in Leipzig erscheinen, gehören nach der Meinung von Kennern zu dem Besten, was Ramberg geschaffen hat. Die Hannoveraner hat 150 Jahre lang, wenigstens zeitweise, der Theatervorhang begeistert, den er 1789 für das fürstliche Opernhaus neben dem Schloss an der Leinstraße geschaffen hatte und der 1852 (mit Erweiterungen am Rande) in das neue Königliche Theater von Laves in die Georgstraße hinüberwanderte.

Apoll steht als Gott des Lichts und Schirmherr der Künste mit umgeschlagenem roten Mantel auf seinem Wagen, begleitet von zwei seiner Lieblingsmusen, Melpomene und Thalia, Tragödie und Komödie. Zwei Genien führen die Pferde, eines bäumt sich hoch auf. Unten taucht ein deutscher Barbar mit einer Wildschweinhaut über dem Kopfe auf – ihn werden die Künste veredeln. 1943 ist dieser Vorhang bei der Zerstörung des Opernhauses verbrannt, und die Kopie, die später angefertigt worden ist, wird selten nur gezeigt.

Aber an Johann Heinrich Ramberg interessiert mich im Augenblick anderes. Ich bin in der Galerie Bauer am Holzmarkt, und der Inhaber der Galerie, der seit Jahrzehnten Ramberg sammelt und verkauft und eine große Publikation der Buchgrafik vorbereitet, legt mir verschiedene Blätter vor. Grafiken sind darunter, bei denen ich nie auf das doch biedere und sittenstrenge Hannover als ihren Entstehungsort getippt hätte. Französischer Geist sprüht da auf einmal auf, ein Frauentypus, den François Boucher gemalt haben könnte. Ein völlig unverkrampftes Verhältnis zur Nacktheit, zur Erotik, und gelegentlich das leise Lächeln der pikanten Szene. Dass Ramberg ein später Nachfahre des Rokoko ist, wird mir auf einmal klar. Boccaccio hat er offensichtlich gerne illustriert, und Lafontaine. In dessen Erzählung »Les Lunettes« wird die Geschichte erzählt, wie die Äbtissin bei den Nonnen ihres Klosters die Jungfrauenprobe macht und unter den frommen Frauen ihres Hauses einen Mann entdeckt.

Ramberg hat die Szene im Jahre 1800 mit nackten Frauenkörpern gezeichnet, mit wissenden und entsetzten und schadenfrohen Gesichtern. Die Hand der (bekleideten) Äbtissin verdeckt das Geschlecht des Mannes, ihre Brille fliegt vor Entsetzen steil in die Luft. Das Äffchen streckt seinen Schwanz hoch, der Hund zieht seinen ein. Das Bild ist heiter, ist eigentlich nicht frivol, hat nicht den Blick durch das Schlüsselloch. Aber doch pikant und fatal ist diese Sache.

Dabei geht mir durch den Kopf, wie gerade die Aufklärer, die weiterhin hoch von der Religion dachten, in der religiösen Heuchelei einen ihrer schlimmsten Gegner sahen. In und bei Hannover hat Adolph Freiherr von Knigge zur gleichen Zeit sein berühmtes Buch »Über den Umgang mit Menschen« geschrieben (1. Auflage 1788, 3. völlig umgearbeitete Auflage 1790). Den »Andächtlern, Frömmlern, Heuchlern und abergläubischen Leuten« gelten seine heftigsten Attacken. Glaube und Religion sind zu wichtig, als dass man sie von Heuchlern in den Schmutz ziehen lassen sollte. »Der Heuchler ... pflegt süß, kriechend, schmeichelnd, immer auf der Hut, ein Sklave der Großen, ein Anhänger der herrschenden Partei, ein Freund der Glücklichen, nie ein Verteidiger der Verlassenen zu sein«. Die herrliche Unbefangenheit, die Knigge in seinem vehementen Aufruf zur »Pflicht gegen uns selbst« hat (»Hüte Dich also, deinen treuesten Freund, Dich selber, zu vernachlässigen!«), ist auch auf die oft unterdrückte Sinnlichkeit zu beziehen. So sind die mittelalterlichen Klöster mit ihrem schwülen Klima ein Gegenstand beißender Kritik. Aber die Satire schlägt nicht um in die versteckte Pornografie, auch die Sinnlichkeit wird nicht überwertig; sie wird leicht genommen. Knigge nennt das: »Lerne Dich selbst nicht zu sehr auswendig« (alle Zitate aus dem Kapitel II).

Johann Heinrich Ramberg ist sicherlich ein gemäßigt frommer Lutheraner gewesen. Von seinen Altarbildern (etwa für die Kreuzkirche in Hannover, das in Meppen gelandet ist, oder für die Kirche in Hohnsen bei Hameln) hat er mehr gehalten, als ich im Augenblick nachvollziehen kann. Mich faszinieren die Blätter, die seinen Humor, seinen Witz und seinen Geist erkennen lassen. Von den moderaten und flachen Lebensgefühlen haben wir in dieser Stadt genug.

*

Im Buchhandel ist kein einziges Werk von ihm zu haben. In seiner Heimatstadt fiel der Volkshochschulkurs aus, der aus Anlass des 50. Jahrestages der Ermordung an ihn erinnern wollte. Kein einziger Teilnehmer hatte sich dafür eingeschrieben, nicht einer hatte sich für ihn interessiert. So vergelten wir es einem, der schrecklicherweise Recht behalten hat. Der Name: Theodor Elchanan Lessing.

Am 8. Februar 1872 ist Theodor Lessing in Hannover geboren. 1907 habilitiert er sich an der hiesigen Technischen Hochschule für das Fach Philosophie. Bis 1933 lebt er in und bei Hannover, zuletzt schon ohne die Wahrnehmung des geliebten Lehrauftrages. Anfang März 1933 verlässt er fluchtartig die Stadt in Richtung Prag. In der Nacht vom 30. zum 31. August 1933 wird Lessing in Marienbad durch das Fenster, am Schreibtisch sitzend, von nationalsozialistischen Schergen erschossen.

Seitdem ist Lessing viele Tode gestorben. Tode des Vergessens. Geehrt hat man ihn häufig, später. Geliebt und gelesen nie. »Die Menschen, vor allen anderen die Deutschen, hassen den Geist«, hat er in seiner Autobiografie »Einmal und nie wieder« geschrieben. Man könnte es, wenn man an ihn denkt, glauben. Übertrieben hat er immer.

Er war gewiss kein einfacher Zeitgenosse. Naiv und egozentrisch, bissig und verletzlich zugleich. Gelitten hat er vor allem, gelitten an Hannover und an Deutschland, gelitten an dem Abgrund zwischen empfundener Berufung und öffentlicher Anerkennung. Gelitten an sich selbst. Vielleicht kam aus solchem Leiden die Klarheit, mit der er aus den Zeichen der Zeit die Signale kommender Katastrophen herauslas. Er war ein Prophet, und er behielt schlimmerweise Recht. Wer liebt schon die Propheten?

Da ist die Sache um den Massenmörder Haarmann. Als Gerichtsberichterstatter nimmt Lessing an den Sensationsverhandlungen des ausgehenden Jahres 1924 teil. Eine Gesellschaft, die ihre eigenen dunklen Seiten nicht sieht, die ihre Schattenseiten nicht integrieren und verarbeiten kann, verbreitet Pogromstimmung. »Die abartige Bestie Haarmann«, die man ihrerseits zerfleischen müsste: Das ist der Wutschrei auf den Straßen, in den Zeitungen. Lessing steuert gegen, proklamiert die Mitschuld der Gesellschaft, ruft zur Buße. »Dieselbe Menschheit, die nach Materialschlachten mit 500 000 Toten ihre Feldherren mit Orden schmückte, ist über einen Mann entsetzt, der vielleicht 20, vielleicht 30 Menschen umgebracht hat«.

Nicht um Haarmann moralisch rein zu waschen, redet Lessing so. Es geht um den Ruf zur Buße, der das eigene Versagen erkennt und einbezieht. Wenn ihr nicht umkehrt ... »Denn sonst ... wird man sich bald über Massenmörder nicht mehr so aufregen wie heute. Sonst bricht vielleicht eine Zeit an, in der man Leute wie Haarmann als mindere Stümper behandelt«. Prophetische Rede 1924. Lessing wird wegen seiner Berichterstattung von den letzten Verhandlungstagen ausgeschlossen. Von seiner Universitätsbehörde wird ein Disziplinarverfahren eingeleitet.

Da ist die Hindenburg-Affäre. Nach dem Tod Friedrich Eberts wird im Frühjahr 1925 eine Reichspräsidentenwahl notwendig. Im ersten Wahlgang erhält keiner der sieben Kandidaten die verfassungsmäßige Mehrheit. Überraschend tritt zum zweiten Wahlgang der in Hannover im Ruhestand lebende 77-jährige Generalfeldmarschall Paul von Hindenburg an, der auch die Wahl gewinnt. Einen Tag vor dem zweiten Wahlgang veröffentlicht Theodor Lessing im »Prager Tageblatt« einen Artikel über Hindenburg. Der Generalfeldmarschall repräsentiere eine Geradlinigkeit ohne große Geistigkeit, mit der auch das Unvermögen verbunden sei, die Berechtigung anderer Positionen einzusehen. Hindenburg sei darum die Qual der Entscheidung fremd. Das mache ihn zu einem Volkssymbol geeignet, liefere ihn aber auch der Gefahr des Machtmissbrauchs durch Dritte aus.

Besser ein Zero als ein Nero, könne man sagen, aber hinter einem Zero stehe nur zu leicht ein Nero. – Als ob Lessing die Geschichte der Dreißiger Jahre schon gekannt hätte ... Als der »Hannoversche Kurier« einige Tage später den Artikel Lessings (verkürzt) abdruckt und anprangert, ist die Universitätslaufbahn Lessings zu Ende. Unter dem Druck der wütenden Proteste und Krawalle verzichtet Lessing auf die weitere Ausübung seiner Vorlesungstätigkeit. Er sitzt in seinem Haus in Anderten bei Hannover, schreibt Artikel für Zeitungen und Bücher über Tiere, Blumen und – Dämonen.

Theodor Lessing, der ungeliebte Prophet. Ein Rufer zur Umkehr in der Ahnung der kommenden Katastrophe. Mit seiner Philosophie kann ich nicht viel anfangen. Es ist eine Tat-Philosophie, die aus dem Widerspruch von Natur und Geist lebt und die den gefühlten Untergang Europas denkerisch aufhalten will, ohne eine wirkliche Alternative zu haben. Esoterisch oft die Begrifflichkeit (»Ahmung« und »Gegenahmung«, »Schwärpunkt«). Die ausgebliebene Diskussion mag vielleicht auch den Blick für seine Philosophie verstellen.

Lieben aber werde ich, zumindest mit tiefer Hochachtung akzeptieren, die mutige Verarbeitung seiner geschichtlichen Erfahrungen. Unnachahmlich kommt das heraus in seinen Lebenserinnerungen (1935/Neuaufl. 1969). Ein Leben so voller Intensität, so ohne jede Schonung auch der nächsten Menschen, ohne Schonung seiner selbst. Da ist der Taumel der ersten Freundschaft und die abgrundtiefe Enttäuschung, die sich lastend überträgt. Da sind faszinierende Portraits von Menschen und Ereignissen, die zu Geschichte werden.

Diese »harten Groschen der Erfahrung«. Lessings eigentliches Werk ist für mich die Durchdringung seines Lebens. Ob Theodor Lessing und die Deutschen, vielleicht durch die Vermittlung Hannovers, noch einmal zueinander finden?

*

Am 1. April 1935 beginnt Gottfried Benn seinen Dienst als Militärarzt in Hannover. Am 2. Mai 1897 ist Benn als Pastorensohn in Mansfeld in der Westpriegnitz geboren. (Über die vielen außergewöhnlichen Nachkommen aus evangelischen Pfarrhäusern wird der Philosoph Peter Sloterdijk später schreiben: »Das Pfarrhaus entläßt seine Kinder, oder: »Wenn wir zu gut Erzogenen erwachen«.) Sanitätsoffizier im Ersten Weltkrieg, Hautarzt in Berlin, im Nebenberuf Lyriker und Essayist. Kurz sympathisiert er mit den Nazis, wird Präsident der Akademie der Wissenschaften Abteilung Dichtkunst, sorgt mit dafür, dass Heinrich Mann ins Abseits gerät, der sich einst für die Aufnahme Benns in die Akademie verwandt hatte. Aber bald spürt Benn den großen inneren Abstand, betreibt seine Reaktivierung als Militär, weicht von Berlin nach Hannover aus. Während dieser Zeit werden denn auch die vollen Breitseiten gegen Benns »Asphaltlyrik« im »Schwarzen Korps« abgeschossen, aber seine militärischen Vorgesetzten in Hannover decken ihn.

Nur zwei Jahre ist Gottfried Benn in Hannover, Ende Juni 1937 geht er nach Berlin zurück. Aber zwei Jahre lang ist ein Vulkan in dieser Stadt. Kein Mensch bemerkt ihn. »Ich lebe wie ein Mönch«, schreibt er seinem ständigen Briefpartner F. W. Oelze nach Bremen (Brief vom 7. 4. 35). »Mein Vorname ist bisher in dieser Stadt noch nicht gefallen«. Benn übertreibt; seine Faszination auf Frauen ist ungebrochen, und seine Wochenenden verbringt er selten ganz allein. Mehrfach zieht er um, wohnt erst in der Hohenzollernstraße 11 und dann in der Breite Straße 28 bei Mia Sattler. Am längsten in der Arnswaldtstraße 3. »Drei Zimmer, neu hergerichtet, alle nach hinten liegend und auf einen Hof sehend, aber der Stadtlage nach mir angenehm, sehr still, für sich, I. Etage, ich steige nicht gerne Treppen, alles in allem mehr eine Höhle für Molche und Menschenfeinde als ein Renaissancebau« (Brief vom 9. 12. 35). In seiner Freizeit sitzt er alleine in Lokalen, im Kröpcke, im Hotel Kasten, auf den Stadthallen-Restaurant-Terrassen und, eben, im »Weinhaus Wolf«. Es ist in Hannover seine einsamste Zeit, urteilt Helma Sanders-Brahms, aber er schreibt wieder.

Die Erzählung »Weinhaus Wolf« ist eigentlich ein Essay. Dem Nihilismus standhalten, das ist sein großes Thema in diesen Jahren. »Ich komme endlich dahinter, daß *alle* großen Geister der weißen Rasse seit 500 Jahren die eigentliche innere Aufgabe darin erblicken, ihren Nihilismus zu bekämpfen und zu verschleiern. Dürer, Goethe, Beethoven, Balzac, alle!« (Brief vom 5. 3. 37). Der »weiße Nihilismus« Nietzsches: »Du hättest singen sollen, meine Seele«. Der einsame Zecher, der im »Weinhaus Wolf« drei andere, mondäne, weltgewandte Besucher belauscht und Reflexionen über den Antagonismus von Geist und Leben anstellt, von Handeln und von Tiefe. Die pessimistische Note dieser Geschichtsbetrachtung ist unüberhörbar, Benn steht voll im Visier der nationalsozialistischen Barbarei. »Jetzt kommt keine Gnade mehr, jetzt kommt die Nacht«.

Den Angriffen des geistlosen Lebens setzt er die Arroganz des Intellektuellen entgegen. Kaskaden von Begriffen in dieser Kulturrevue unten im Wolfschen Weinkeller. »Ein Kreis weißer Menschen, zeitlich nachantik, gehirnlich geprägt von den Erfahrungen der gräco-latinischen Humanität, Mischblut aus dem zersprengten römischen Imperium, verwilderten Merowingern, entfesselten Christen, erotisierten Päpsten, triebunterlegenen Mönchen, glühenden Mauren, rosenölimportierenden, reiherjagderregenden, luxusausströmenden Persern beschreitet den unbetretenen Weg«. Keine Texte für Werbebroschüren sind das alles.

Ich will das »Weinhaus Wolf« in der Rathenaustraße besuchen, um vor Ort die 20 Seiten der Erzählung noch einmal still zu lesen. »Wegen Todesfall vorübergehend geschlossen«, steht am Eingang. Das »vorübergehend« scheint auf längere Zeit zu sein, seit Monaten hat offenbar niemand mehr die Tür geöffnet. Aber ich kann mir die Räume noch gut vorstellen, Räume wie Höhlen, in die man sich gut verkriechen kann und doch die anderen sehen. Räume, die Benn wie ein Schiffsinneres empfunden hat. »Ein Torpedo, das in die Tiefe schoß – ja, dieser Eindruck drängte sich mir auf, etwas Abgleitendes, eine Gemeinschaft, die versinkt, mit Bildern wie Ölflecke, Nachzügler über den Abgründen, schlicht um schlicht« (»Weinhaus Wolf«).

Seltsam, in dieser Zeit der ebenso schweigenden wie radikalen Auseinandersetzung zwischen Geist und Leben sind einige seiner schönsten Gedichte entstanden.

»Tag, der den Sommer endet,
Herz, dem das Zeichen fiel:
die Flammen sind versendet,
die Fluten und das Spiel.«

»Anemone«, »Wer allein ist«, »Die Gefährten«, »Astern«: In dem Band »Statische Gedichte« sind sie alle 1948 publiziert. Es ist, als habe sich das Leben dann doch in den Geist, zumindest in den Geist des Gedichts hinein, geflüchtet.

»Wo alles sich durch Glück beweist
und tauscht den Blick und tauscht die Ringe
im Weingeruch, im Rausch der Dinge –:
dienst du dem Gegenglück, dem Geist.«
                            (»Einsamer nie –«)

Die Wucht dieses einsamen Lebens macht mich immer wieder erschrocken und zieht mich an. Ein Leben voller Ambivalenzen, aber auch voller Sehnsucht. »An meinem Grab soll ruhig ein Pfarrer sprechen. Die Religion stand trotz ihrer Armseligkeit und obschon sie mir persönlich nie in meinem Leben etwas gegeben hat, doch den Reichen immer noch am nächsten, zu denen es mich zog« (Brief vom 12. 9. 36). So will ich Gottfried Benn als einen großen Lyriker in mein Gedenken einbeziehen und werde, wenn das »Weinhaus Wolf« wieder die Tore öffnet, einen Schoppen Wein in der Erinnerung an ihn trinken.

*

Wer war Kurt Schwitters? »Dadaist und Konstruktivist, Künstler und vermeintlicher Antikünstler, Bürgerschreck und Stadtbürger im Sinne eines Bourgeois, Revolutionär und Traditionalist, Provokateur und liebenswürdiger Humorist, Realist und Abstrakter – und vieles andere mehr« (Joachim Büchner). Fast alle in Hannover kennen ihn, viele respektieren ihn als großen Sohn der Stadt, nur wenige lieben ihn. Auch meine Beziehung zu Schwitters ging lange Zeit mehr über den Verstand als über das Herz. Joachim Büchner, der leider so früh verstorbene erste Direktor des Sprengel Museums, hat – auch durch seine Texte – Schwitters mir ganz nahe gebracht.

Man muss den am 20. Juni 1887 in Hannover geborenen Kurt Schwitters aus seinen Lebenserfahrungen heraus verstehen, habe ich gelernt. Nach dem ersten Weltkrieg liegt eine Welt in Trümmern. Die Erfahrung der verheerenden Gewalt des Krieges wird er nie vergessen. »Krieg ist Wahnsinn. Man läßt doch auch nicht Lokomotiven gegeneinander fahren.« Die bisherigen Ziele und Weltbilder sind zerbrochen, die Generation hat die Erfahrung des Nihilismus, der Sinnlosigkeit gemacht. »Denn es gibt keinen Sinn mehr (Das ist auch furchtbar)«, ist Schwitters Resümee im Jahre 1918. Aus den Trümmern und aus dem Sinnlosen eine neue Welt aufzubauen, das ist seine Sicht. Trümmer nimmt er wörtlich: Das Weggeworfene, der Abfall, der Müll. Das, was auf den Straßen und in den Gräben liegt. Abwertung des Materials ist auch in den Bruchstücken, die er sucht und findet.

Das Sinnlose, die Trümmer wird er zusammenfügen und ihnen eine neue Form geben. Die Formproblematik, damit nähert er sich dem Konstruktivismus an, wird zur beherrschenden Frage seines Werks. Neue Werte werden über die Form eingegeben. »Ich werte Sinn gegen Unsinn«, aber so, dass die Bruchstückhaftigkeit der Welt, die Katastrophensituation noch sichtbar bleibt. Das geht bis hinein in sein schriftstellerisches Wirken. Seine Lautgedichte, die »Ursonate« etwa als Aneinanderreihung von Konsonanten, die Schwitters mit so großer Virtuosität vorzutragen wusste, habe ich als »geistiges Stottern«, als abgeleitete Aggressionen, als Aufbau einer neuen Lautwelt aus den Trümmern der Wörter verstehen gelernt.

Im Zusammenfügen der Trümmer und Bruchstücke aber entsteht ein neues Gefüge. Kurt Schwitters ist für mich ein großer Beziehungskünstler. Schon allein das Prinzip Collage ist das Setzen von Beziehungen, und je heterogener die Bestandteile sind, umso schockartiger ist die Begegnung und umso größer wird die Herausforderung. Die Beziehungskunst von Kurt Schwitters kennt am Ende keine Grenzen mehr. Kunst verträgt sich mit Kitsch, Wirtschaft (»Merz«) mit Banalität, ja, Sinn mit Unsinn. Die vorgegebenen Setzungen werden in den Prozess der Beziehung hinein aufgelöst. »Der Sinn ist nur wesentlich, wenn er auch als Faktor gewertet wird. Ich werte Sinn gegen Unsinn. Den Unsinn bevorzuge ich, aber das ist eine rein persönliche Angelegenheit. Mir tut der Unsinn leid, daß er bislang so selten künstlerisch geformt wurde, deshalb liebe ich den Unsinn«. Absolut verständlich daher, dass Schwitters seine Kunst nicht elitären Kreisen vorbehalten sehen wollte (da allerdings hat er sich sehr geirrt). In seinem norwegischen Exil entwickelt er seine himmlisch-irdischen Hierarchien. »Und der liebe Gott wird mich fragen, wer an meiner Seite sitzen soll. Und ich werde sagen: Suse und Hans«.

Zumindest der Besuch des MERZbaus im Sprengel Museum Hannover ist für Suse und Hans ein nachvollziehbares, wenn auch vielleicht nur kopfschüttelnd zu ertragendes Ereignis. Ich ziehe die Filzpantoffeln über und schlurfe hinein. Von 1923 bis 1937 ist dieser MERZbau im großelterlichen Hause entstanden, ist nie vollendet worden und ist im Bombenkrieg zerstört. Nach Weitwinkelfotografien von 1933 ist er hier rekonstruiert.

Der Eingang in den Raum ist noch schlicht gehalten. Aber dann empfängt mich ein Gewirr von Formen und Materialien, Holzkuben und -dreiecke, runde Formen, kreuz und quer durch den Raum gelegt. Mit Bindfäden und Drähten hatte er die Teile einst verbunden, später sind Holzverstrebungen daraus geworden. Spiegel und Fotografien dazwischen, der Ausblick in die Eilenriede (hier in der Fotografie) gehört dazu. Rechts steht die »Säule des erotischen Elends«, die allein wohl deshalb elend zu nennen ist, weil einer dort – unter einem gewissen Drang – ganz allein steht. Als begehbares Gesamtkunstwerk ist der MERZbau gedacht. »Ebenso Inbegriff der Sehnsucht nach dem Ganzen und dem Heil wie Ausdruck der Vereinzelung, der Sinnentleerung« (Joachim Büchner). Und der Mensch, der in den Bau eintritt, der ahnt beides: Das Ganze wie das Stückwerk, Sinn und Sinnlosigkeit. Ein unendlicher Prozess das Ganze, »work in progress«. Ich habe den Eindruck, seit ich das letzte Mal hier war, ist Schwitters heimlich und unbemerkt gekommen und hat dieses und jenes noch einmal verändert.

Dann stehe ich vor seinem Grab auf dem Engesohder Friedhof. Ein wunderbarer Ort ist dies, gleich links neben dem Eingang. Die Rhododendronbüsche blühen blau und gelb. In seinem englischen Exil, in Ambleside, ist er am 8. Januar 1948 gestorben. Sehr resigniert war er am Ende: »Wir spielen, bis uns der Tod abholt«. Ich bin mit meiner Frau vor etwa dreißig Jahren in seinem Haus in Ambleside gewesen. Eine schöne und düstere Gegend ist der Lake District, drei Wochen hat es nur geregnet. Einsam wird es dort um ihn gewesen sein. Jetzt liegt er hier in seiner Heimatstadt, die er mit »Re von nah« und »Anna Blume« sinnig-unsinnig erschreckt und umworben hat. Im letzten Jahr ist die Urne seines Sohnes Ernst, der mit ihm das Exil geteilt hat, mit in sein Grab gekommen. Suse und Hans wollte er am himmlischen Tisch an seiner Seite haben. »Man kann ja nie wissen«, steht auf seinem Grabstein.

*

Ein weiter Weg ist das von Gottfried Wilhelm Leibniz bis Kurt Schwitters. Am Anfang steht die Gewissheit der Einordnung des Menschen in einen großen Schöpfungsplan. Die Vernunft hat der Mensch schon in seine Regie übernommen, aber sie ist dazu da und auch dazu fähig, Gottes wunderbare Ordnung zu erkennen. Am Ende dieses mächtigen Ausschreitens in die Welteroberung hinein steht das Zusammenfallen der Sicherheiten und ein kleiner Funken Hoffnung. »Man kann ja nie wissen«. Ein Stück Demut ist darin, ein Wissen um die Grenzen. Hören, Offenheit, Warten. Vielleicht geschieht das, worauf wir hoffen. Das Wort auf dem Grab von Kurt Schwitters rührt mein Herz.

Die Städte Deutschlands, so auch Hannover, sind nach ihrer oft völligen Zerstörung größer und prächtiger aufgebaut, als sie es jemals waren. Die Menschen, die in diesen Städten wohnen, sind – gemessen an früheren Zeiten – unsicher und vorsichtig geworden. Die Zeiten der großen, alle miteinander tragenden Lebens- und Glaubensgewissheiten sind vorbei. Es muss jeder seinen eigenen Weg in die Vollendung suchen, finden. Man kann sich ein wenig dabei helfen. Man kann erzählen, von dieser Stadt, von ihren Menschen, und von sich selbst.

Zum Abschluss

Im Jahr 1994 hat der britische Dokumentarfilmer Patrick Keiller einen Film über London gedreht. Ein Privatgelehrter namens Robinson ruft seinen Freund, der im Ausland lebt, für eine Zeit nach London zurück. Er will ihm die Stadt noch einmal zeigen, ehe sie untergeht. In Exkursionen durchstreifen die Beiden die Stadt. Robinsons These ist bald klar: London ist unsichtbar geworden. Man sieht Häuser, Straßen, Menschen. Auch Unverwechselbares, nur in London Anzutreffendes ist dabei. Aber die Kräfte, die eine Stadt bestimmen und beleben, sind nicht mehr zu erkennen. Die Identität dieser Stadt ist, keine Identität zu haben. Es sei denn, man versuchte, sie neu zu schaffen. So rekonstruieren die Zwei den Leicester Square als Denkmal für Laurence Sterne, den Schöpfer von »Tristram Shandy«, und erklären einen Fernsehturm zum Erinnerungszeichen für die leidenschaftliche Liebe von Rimbaud und Verlaine in ihrem Londoner Exil. Aus Bedeutungsruinen wächst die Gestalt einer neuen Stadt.

Dieses Buch über Hannover möchte etwas Ähnliches versuchen wie jener Film über London. Mangelhafte Identifikation der Bewohner Hannovers mit ihrer Stadt wird insgesamt beklagt; man rede Hannover ständig schlecht und herunter. Meiner Meinung nach hat das mit der unsicheren Identität dieser Stadt zu tun. Hannover ist in extremer Weise, für den Blick von innen wie von außen, unsichtbar geworden. Da ist es wichtig, Geschichtsbewusstsein zu entwickeln. Damit ist aber nicht ein historistisches Arbeitsprogramm gemeint, das genauestens erklärt, wie es einst war, und wie das, was dasteht, so geworden ist. »Wenn es Wirklichkeitssinn gibt, muß es auch Möglichkeitssinn geben«, hat Robert Musil geschrieben. Aus den subjektiven Erfahrungen und Begegnungen von Menschen in und mit dieser Stadt kann ein Spannungsbogen entstehen, der in die Zukunft weist. Aus den Bruchstücken der Erinnerung erwächst ein Bild dessen, was in dieser Stadt alles möglich war und ist und noch sein wird.

Ein Großereignis steht dieser Stadt bevor. Wird man nach der EXPO 2000, der auch zeitlich überdimensionalen Weltausstellung, das schon zitierte Urteil Fontanes über Hannover wiederholen: Sie habe den Eindruck gemacht »wie jemand, der sich über die Kräfte anstrengt und dem die Puste ausgeht«? Oder wird, mit dem Namen Hannovers verbunden, ein Möglichkeitshorizont eröffnet werden, der viele Länder, Kulturen und Religionen einschließt? Die Weltausstellung wird auch das sein, was wir gemeinsam daraus machen.

So sind weitere Streifzüge angesagt. Die Exkursionen durch die Stadtteile, über die EXPO. Begegnungen in der vergehenden Zeit sind das allzumal. »Wir haben hier keine bleibende Stadt, sondern die zukünftige suchen wir«, sagt der Hebräerbrief (13, 14). Die Welt als Gleichnis des Kommenden zu deuten, das legt sich einem Christen und Theologen nahe. Es würde mich freuen, wenn mich viele, Bewohner wie Besucher Hannovers, auf solchen Streifzügen begleiten und man sich hier und dort begegnet.

Literatur

GOTTFRIED BENN: Statische Gedichte. 1948
– : Briefe an F.W.Oelze 1932–1945. 1986
– : Sämtliche Erzählungen. 1970
BERLINER KUNST VON 1770–1930. Katalog. Berlin Museum 1982
MARTIN BUBER: Kirche, Staat, Volk und Judentum. In: Versuch des Verstehens. Dokumente jüdisch-christlicher Begegnung aus den Jahren 1918–1933. Hrsgb. B.R.Geis und H.-J.Kraus. 1966
HANS WERNER DANNOWSKI/WALDEMAR R. RÖHRBEIN: Geschichten um Hannovers Kirchen. 1983
DETLEF ELLMERS: Frühe Schifffahrt auf Ober- und Mittelweser und ihren Nebenflüssen. In: Schifffahrt, Handel, Häfen. Minden 1987
JÜRGEN EYSSEN/DIETMAR STORCH (Hrsgb.): Niedersächsisches Lesebuch. 1983
VILÉM FLUSSER: Jude sein. Essays, Briefe, Fiktionen. 1995
HANNOVERS SCHICKSALSJAHR 1866 im Briefwechsel König Georgs V. mit der Königin Marie. Bearbeitet von Geoffrey Malden Willis. 1966
Katalog ERICH HAUSER, Skulptur. Gesellschaft für internationale Kunst im öffentlichen Raum. Simon AG/Schweiz o.J.
THEODOR HEUSS: Lust der Augen. Stilles Gespräch mit beredtem Bildwerk. 1960
KARL-HEINZ KABISCH: Leinefelde. Rund um die Leinequellen. 1992
GUNTER KALLBACH/LUDWIG ZERULL: Erich. Gasthaus Honovera – Die Geschichte einer Altstadt-Kneipe. 1996
ALFRED KELLETAT: Der Göttinger Hain. 1967
ADOLF FREIHERR VON KNIGGE: Über den Umgang mit Menschen. insel taschenbuch 1977
HELMUT KNOCKE/HUGO THIELEN: Hannover. Kunst- und Kultur-Lexikon. 1994
GOTTFRIED WILHELM LEIBNIZ: Die Theodizee. Suhrkamp Taschenbuch I und II. 1996
THEODOR LESSING: Haarmann, Die Geschichte eines Werwolfs. 1925
– : Einmal und nie wieder. Neuauflage 1969

WERNER LEUNIG: Gottfried Benn. 1986
Briefe der LISELOTTE VON DER PFALZ. Herausgegeben und eingeleitet von Helmuth Kriesel. Insel Taschenbuch 428. 1981
HERMANN LÖNS: Die sieben Schulaufsätze des Aadje Ziesenis. 1987
INGE MAGER: Elisabeth von Brandenburg – Sidonie von Sachsen. Zwei Frauenschicksale im Kontext der Reformation von Calenberg-Göttingen. In: 450 Jahre Reformation im Calenberger Land. Herausgeber: Ev.-luth. Kirchenkreis Laatzen-Pattensen. 1992. S. 23–32
RAINER MARWEDEL: Theodor Lessing. 1872–1933. Eine Biographie. 1987
CORD MECKSEPER: Das Leibnizhaus in Hannover. 1983
INGEBORG MENGEL: Elisabeth von Braunschweig-Lüneburg und Albrecht von Preußen. Ein Fürstenbriefwechsel der Reformationszeit. 1954
KLAUS MLYNEK/WALDEMAR R.RÖHRBEIN: Geschichte der Stadt Hannover. Bd.I 1992; Bd.II 1994
KARL PHILIPP MORITZ: Anton Reiser. Ein psychologischer Roman. insel taschenbuch. 1980
ERNST MÜLLER: Ludwig Christoph Hölty. Leben und Werk. 1986
SIEGFRIED MÜLLER: Die Reformation in Hannover. Ein historisches Lesebuch. 1987
– : Leben im alten Hannover. 1986
– : Leben in der Residenzstadt Hannover. 1988
HENNING RISCHBIETER: Hannoversches Lesebuch. Band I und II. 1975/78
WALDEMAR R. RÖHRBEIN (Hrsgb.): Der Maschsee in Hannover. Seine Entstehung und Geschichte. 1986
– : Jüdische Persönlichkeiten in Hannovers Geschichte. 1998
ALHEIDIS VON ROHR: Johann Heinrich Ramberg. Katalog Historisches Museum Hannover.1998
PETER RUTHENBERG (Hrsgb.): Anzeiger. Wie Fritz Högers Anzeiger-Hochhaus zum Mittelpunkt des neuen Kunst- und Medienzentrums an Hannovers Goseriede wurde. 1997
HELMA SANDERS-BRAHMS: Gottfried Benn und Else Lasker-Schüler. 1997
OTTO SCHNÜBBE: Die Liebe Gottes und das Übel in der Welt. Was hat uns Gottfried Wilhelm Leibniz hierzu zu sagen? 1997
PETER SCHULZE: Beiträge zur Geschichte der Juden in Hannover. 1998
KURT SCHWITTERS 1887–1948. Katalog 1986
RICHARD SENNETT: Verfall und Ende des öffentlichen Lebens. Die Tyrannei der Intimität. 1986
– : Fleisch und Stein. Der Körper und die Stadt in der westlichen Zivilisation. 1995

PETER SLOTERDIJK: Weltfremdheit. 1993
SOPHIE KURFÜRSTIN VON HANNOVER. Begleitheft zur Ausstellung im Historischen Museum Hannover 1980
FERDINAND STUTTMANN: Johann Heinrich Ramberg. 1929
MERETE VAN TAACK: Friederike, die galantere Schwester der Königin Luise. 1987
MARGRET WAHL: Der alte jüdische Friedhof in Hannover. Sonderdruck aus »Hannoversche Geschichtsblätter« NF Bd. 15 Heft 1/2 1961
CLAUS WIEDEBURG: Öffentliche Uhren im Stadtbild. Zum Beispiel Innenstadt Hannover. 1983
LUDWIG ZERULL: Kunst ohne Dach. Skulpturen und Objekte im Stadtbild Hannovers. 1992
HELMUT ZIMMERMANN: Vom Kröpcke bis zum Ihmeufer. 1984
– : Zwischen Maschsee und Eilenriede. 1985